RECETTES MICRO-ONDES

convexion et gril

Jehane Benoit

RECETTES MICRO-ONDES
convexion
et
gril

AVEC SUGGESTIONS DE VINS
PAR ROBERT LAMARRE
ET JEAN-PIERRE BERNIER

ÉDITIONS HÉRITAGE
MONTRÉAL

Données de catalogage avant publication (Canada)

Benoit, Jehane, 1904-1987

Convexion et gril

(Micro-ondes)
Publié aussi en anglais sous le titre: Convection and Grill

ISBN 2-7625-5998-7

1. Cuisine au four à convexion. 2. Grillade. 3. Fours à micro-ondes.
I. Titre. II. Collection: Micro-ondes (Héritage).

TX840.C65B46 1989   641.5'8   C89-096076-3

ÉDITION
Direction:
René Bonenfant
Assistante:
Ginette Guétat
Collaboration:
Hélène Bélanger

CONCEPTION GRAPHIQUE
Directrice artistique:
Christiane Litalien
Collaboration:
Marc Chapdelaine

PHOTOGRAPHIE
Direction:
Paul Casavant
Styliste alimentaire:
Lucie Casavant
Cuisinier:
Michel Brassard

CONSEILLERS POUR LES VINS
Robert Lamarre
Jean-Pierre Bernier

La vaisselle a été prêtée gracieusement par:
Le Cache-Pot, 5047, rue Saint-Denis, Montréal
Le Souk, Mail Champlain, Brossard
et la Boutique Marie-Maison, Carrefour Victoria, Saint-Lambert.

Dépôts légaux: 1er trimestre 1989
Bibliothèque nationale du Québec
Bibliothèque nationale du Canada

ISBN: 2-7625-5998-7   Imprimé à Hong-Kong

Les Éditions Héritage Inc.
300, rue Arran
Saint-Lambert, Québec J4R 1K5
Tél: (514) 875-0327

Table des matières

À RETENIR

• **En général, les recettes donneront 6 portions moyennes ou 4 grosses portions.**

• **Les temps de préparation, de cuisson et d'attente sont donnés à titre indicatif. Il faut se rappeler que plusieurs facteurs influencent les temps de cuisson et d'attente, notamment la température de départ de l'aliment, la densité et la quantité des aliments dans le four et même la forme de l'ustensile de cuisson.**

vins

Selon qu'il s'agit d'un vin de consommation courante ou d'un cru de meilleure qualité, la suggestion de nos spécialistes est ainsi identifiée:

consommation courante

occasion spéciale

Introduction aux mesures métriques

Millilitre (mL) : pour remplacer l'once fluide	250 mL est l'équivalent d'une tasse de 8 onces
Litre (L) : pour remplacer la pinte	15 mL est l'équivalent de 1 c. à soupe
Gramme (g) : pour remplacer l'once	5 mL est l'équivalent de 1 c. à thé
Kilogramme (kg) : pour remplacer la livre	1 kg est un peu plus de 2 livres
Degrés Celsius (°C) : pour remplacer les degrés Fahrenheit	500 g sont un peu plus de 1 livre
Centimètre (cm) : pour remplacer le pouce	100°C est le point d'ébullition de l'eau
	5 cm est environ 2 pouces

Équivalences des mesures les plus utilisées en cuisine

C. à thé

1/4 de c. à thé	1 mL
1/2 c. à thé	2 mL
1 c. à thé	5 mL
2 c. à thé	10 mL

C. à soupe

1 c. à soupe	15 mL
2 c. à soupe	30 mL
3 c. à soupe	50 mL
4 c. à soupe	60 mL
2 à 3 c. à soupe	30 à 50 mL
4 à 6 c. à soupe	60 à 90 mL

Tasse

1/4 de tasse	60 mL
1/3 de tasse	80 mL
1/2 tasse	125 mL
3/4 de tasse	190 mL
1 tasse	250 mL
1¼ tasse	315 mL
1⅓ tasse	330 mL
1½ tasse	375 mL
2 tasses	500 mL
3 tasses	750 mL
4 tasses	1 L
5 tasses	1,25 L
6 tasses	1,5 L

Températures

150° F	65° C
200° F	95° C
250° F	120° C
300° F	150° C
350° F	180° C
400° F	200° C
425° F	225° C
450° F	230° C
500° F	260° C

Équivalences des mesures françaises et des mesures canadiennes

Pour les personnes qui désirent utiliser un livre de recettes français, les données suivantes seront sans doute utiles.

CAFÉ, FARINE ET POUDRE

3 grammes	1 c. à thé
9 grammes	1 c. à soupe

JUS DE FRUITS, PURÉE

5 grammes	1 c. à thé
15 grammes	1 c. à soupe

POUR TOUS LES LIQUIDES

1/2 centilitre	1 c. à thé
1 centilitre	2 c. à thé
1½ centilitre	1 c. à soupe
1/2 décilitre	3 c. à soupe et 1 c. à thé
1 décilitre	6 c. à soupe et 2 c. à thé
2 décilitres	13 c. à soupe et 1 c. à thé
2½ décilitres	15 c. à soupe ou 1 tasse
3 décilitres	20 c. à soupe
4 décilitres	26 c. à soupe
4½ décilitres	30 c. à soupe ou 2 tasses
1 litre	4 tasses

MESURES LIQUIDES

1⅛ litre	1 pinte ou 40 onces
550 centimètres cubes	1 chopine
275 centimètres cubes	1 demiard
(1 décilitre = 100 centimètres cubes)	

MESURES SOLIDES

29 grammes	1 once
455 grammes	1 livre
1000 grammes (ou 1 kilogramme)	2⅕ livres

MESURES LINÉAIRES

2½ centimètres	1 pouce
30 centimètres	1 pied (12 pouces)
90 centimètres	1 verge (36 pouces)

Avant-propos

Il y a vingt ans, Jehane Benoit, mon épouse, écrivait dans l'avant-propos de l'un de ses livres: "Nos petits-enfants, soyons-en sûrs, feront la cuisine avec des fours à micro-ondes." Personne ne pouvait alors prévoir que ce nouveau mode de cuisson allait connaître une pénétration aussi rapide dans nos foyers, ni imaginer les nombreux perfectionnements qui ont été apportés aux premiers fours à micro-ondes.

J'ai suivi l'évolution de ce four dans ma maison même, je devrais dire la cuisine de mon épouse, où se succédaient les modèles toujours plus récents qui suscitaient son enthousiasme et la rendaient perplexe à la fois. Elle croyait fermement en la possibilité d'adapter ses méthodes et recettes culinaires à cette nouvelle technologie, comme il en avait été pour le passage du four à bois au four à gaz et, par la suite, au four électrique.

Avec la publication de l'*Encyclopédie illustrée de la cuisine au four à micro-ondes*, elle a démontré de brillante façon que la cuisine traditionnelle pouvait être adaptée avantageusement à ce mode de cuisson.

Voici, maintenant, que le four à micro-ondes offre deux nouvelles possibilités, la cuisson par convexion et la cuisson au gril. Jehane avait élaboré un grand nombre de recettes et laissé plusieurs notes pour tenir compte de ces développements. Hélène Bélanger, qui fut sa secrétaire durant plus de trente ans, les a réunies pour ce dernier ouvrage avec soin et fidélité.

Je suis heureux, fier même, de constater que Jehane est restée, jusqu'à la fin, maîtresse de son art.

B. Benoit

Noirmouton

Convexion et gril

Importance de bien connaître son four

• Il y a plus d'un type de four à micro-ondes ; certains fabricants offrent même plusieurs modèles d'un même type. Il est donc très important de vous familiariser avec votre four et de bien connaître et comprendre toutes ses possibilités.

• Les fours à micro-ondes sont de plus en plus dotés de résistances (éléments électriques). Un ventilateur assure la circulation constante d'air sec et chaud dans tout le four. Ils offrent ainsi, outre la cuisson aux micro-ondes, les modes de cuisson par convexion et au gril.

• Voilà pourquoi il est essentiel de lire attentivement les instructions du manuel d'utilisation de votre four pour être au courant de la façon de procéder selon les diverses méthodes de cuisson de votre four.

Cuisson aux micro-ondes

• Les micro-ondes représentent une forme d'énergie à haute fréquence semblable à celle utilisée pour la radio ; elles sont appelées « micro-ondes » parce qu'elles sont très courtes.

• Émises par un tube magnétron, elles sont réfléchies, transmises et absorbées dans le four.

• Lorsque les micro-ondes entrent en contact avec l'humidité, le gras ou le sucre, elles provoquent la vibration des molécules. Cette vibration entraîne la friction des molécules qui, à son tour, engendre la chaleur nécessaire à la cuisson des aliments. Ensuite, la cuisson interne se poursuit par conduction vers le centre.

Cuisson par convexion

• Pour la cuisson dans la partie convexion du four à micro-ondes, le four possède un élément qui chauffe et assèche l'air, ce qui permet la cuisson et le rôtissage des aliments et leur donne une belle apparence.

• Un ventilateur fait circuler l'air chaud, ce qui assure une cuisson efficace et uniforme.

• La partie convexion d'un four à micro-ondes fonctionne comme un four électrique. Par exemple, si une recette requiert le préchauffage du four à 350°F (180°C) et la cuisson pendant 40 minutes, il suffit d'effectuer les réglages de température et de durée de cuisson comme sur un four conventionnel.

• Les températures de cuisson varient entre 200°F (100°C) et 475°F (240°C).

• Consulter le manuel d'utilisation du four et les recettes pour le réglage de durée et d'intensité.

Cuisson au gril

• Pour cette cuisson à haute température, l'aliment est placé à proximité de la source de chaleur.

• N'utiliser que des viandes de bonne qualité et bien persillées pour la cuisson au gril afin de prévenir le dessèchement qui se produit avec les viandes moins tendres.

• Consulter le manuel d'utilisation du four et les recettes pour le réglage de cuisson au gril.

Accessoires

• Chaque four est livré avec de nombreux accessoires.

• Il est recommandé de suivre les instructions du manuel d'utilisation du four pour l'emploi des accessoires.

La lèchefrite

• La lèchefrite du four pour la cuisson par convexion s'utilise comme telle ou comme support pour tout plat de cuisson.

• Elle s'utilise également pour griller et peut être employée comme plaque à biscuits.

La clayette

• La clayette est placée sur la lèchefrite pour la cuisson au gril. La lèchefrite recueille le jus de cuisson tandis que la clayette maintient les aliments élevés tout en permettant que la graisse et le jus de cuisson s'égouttent. Ainsi l'extérieur de l'aliment est plus croustillant.

• Afin de faciliter le nettoyage, vaporiser la clayette et la lèchefrite d'un enduit pour empêcher les aliments de coller.

• LA LÈCHEFRITE ET LA CLAYETTE NE DOIVENT JAMAIS ÊTRE UTILISÉES POUR LA CUISSON AUX MICRO-ONDES.

Ustensiles de cuisson

• Chacune des méthodes de cuisson requiert des ustensiles appropriés. Voici quelques commentaires sur les différents ustensiles, leurs avantages et leur utilisation.

• Le tableau « Ustensiles de cuisson » présente les ustensiles convenant à chacun des modes de cuisson.

• Il est important de consulter également le mode d'emploi des ustensiles et des plats afin de réduire les risques de bris ou de dommages.

Récipients en verre résistant à la chaleur

• Les tasses à mesurer, les bols et les plats qui s'utilisent généralement pour la cuisson des gâteaux et des tartes conviennent à la cuisson aux micro-ondes.

• Pour la cuisson par convexion utiliser des plats à tartes, des moules à gâteaux et à pain et des faitouts genre « Pyrex » et « Fire King ». CE GENRE D'USTENSILE N'EST PAS RÉSISTANT À DES CHANGEMENTS BRUSQUES DE TEMPÉRATURE.

• NE PAS UTILISER DES USTENSILES EN VERRE DÉLICAT CAR LA CHALEUR DÉGAGÉE PAR LES ALIMENTS RISQUE DE LES CASSER OU LES FÊLER.

Récipients en céramique de verre

• Ils peuvent s'utiliser pour toutes les méthodes de cuisson : aux micro-ondes, par convexion ou au gril. Ce sont les ustensiles type « Corning Ware », « Visions », etc.

• Les couvercles de ce genre d'ustensiles ne sont pourtant pas toujours en céramique de verre. La plupart sont en verre résistant à la chaleur. ILS NE RÉSISTENT DONC PAS AUX CHANGEMENTS BRUSQUES DE TEMPÉRATURE.

Récipients en céramique

• Les récipients en céramique à usages multiples ne conviennent qu'à une ou deux méthodes de cuisson. Il faut donc consulter le mode d'emploi et suivre les recommandations du fabricant.

• S'assurer qu'ils soient identifiés « Allant au four à micro-ondes », « Pour cuisson au four » ou « Résistant à la chaleur ». En cas contraire, l'ustensile peut se briser.

• Pour vérifier si un récipient peut aller au four à micro-ondes, voir « Comment s'assurer qu'un récipient va au four à micro-ondes » (p.5).

• NE PAS UTILISER LES RÉCIPIENTS COMPORTANT DES REBORDS OU DES PARTIES MÉTALLIQUES.

Récipients en métal

• Ils conviennent à la cuisson par convexion et à la cuisson au gril mais NE DOIVENT PAS ÊTRE UTILISÉS POUR LA CUISSON AUX MICRO-ONDES.

Brochettes en métal

• Elles peuvent s'utiliser pour la cuisson par convexion et la cuisson au gril et même pour la cuisson aux micro-ondes pourvu que les aliments couvrent toute la longueur de la brochette et qu'un espace de 1 po (2,5 cm) soit laissé entre chaque brochette.

• LES BROCHETTES EN BOIS SONT CEPENDANT LES MEILLEURES POUR TOUT MODE DE CUISSON.

Thermomètres

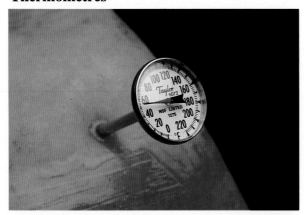

• Les thermomètres pour cuisson aux micro-ondes ne peuvent s'utiliser que pour ce mode de cuisson et ne conviennent à aucun autre mode.

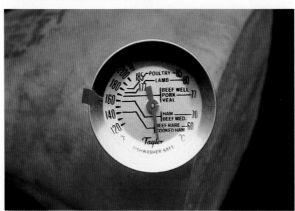

• Les thermomètres pour cuisson conventionnelle ne s'utilisent que pour la cuisson au four par convexion. Ne pas les utiliser pour la cuisson aux micro-ondes. Sortir les viandes du four afin de vérifier la température interne.

Paille, osier et bois

• Les paniers en paille ou en osier peuvent être utilisés dans le four à micro-ondes pour réchauffer le pain.

• Ne pas utiliser de grands ustensiles en bois, tels que bols à salade ou planche à découper, pour des périodes prolongées, car les micro-ondes assèchent le bois et le rendent cassant.

• NE PAS LES UTILISER DANS LA PARTIE CONVEXION DU FOUR À MICRO-ONDES.

Bocaux et bouteilles

• Les bocaux et bouteilles sont pratiques pour réchauffer les aliments aux micro-ondes, à condition d'enlever les couvercles métalliques.

• Les utiliser pour réchauffer les restes, les sirops, etc.

• Il n'est pas recommandé d'effectuer la cuisson dans ces récipients qui ne sont pas à l'épreuve de la chaleur.

• NE PAS LES UTILISER DANS LA PARTIE CONVEXION DU FOUR À MICRO-ONDES.

• NE PAS UTILISER DE BOUTEILLES À GOULOT ÉTROIT POUR RÉCHAUFFER UN LIQUIDE CAR ELLES POURRAIENT SE BRISER.

Feuille en polyéthylène

• Le mode d'emploi doit spécifier « Pour four à micro-ondes » sans quoi la feuille de plastique risque de se rompre ou de rétrécir durant la cuisson.

• Dans la cuisson aux micro-ondes, les feuilles de plastique sont utilisées en guise de couvercle.

• Rabattre un coin de la feuille afin de permettre à la vapeur de s'échapper ; ceci contribue à éviter les débordements.

• NE PAS UTILISER LA FEUILLE DE PLASTIQUE DANS LA PARTIE CONVEXION DU FOUR À MICRO-ONDES.

Articles en papier

• Les essuie-tout, les serviettes, les tasses en papier et le papier ciré servent à réchauffer les aliments au four à micro-ondes pour une courte période.

• Ces articles absorbent la graisse et l'humidité. Ils ne sont toutefois pas conçus spécifiquement pour la cuisson aux micro-ondes ; par conséquent, éviter de les utiliser pour une période prolongée ou sans surveillance.

• Éviter d'y réchauffer des aliments à haute teneur en gras ou en sucre.

• NE PAS UTILISER LES SACS EN PAPIER ET LES RÉCIPIENTS DOUBLÉS DE PLASTIQUE, TELS QUE LES CONTENANTS DE LAIT, POUR LA CUISSON AUX MICRO-ONDES.

• NE PAS UTILISER DE PAPIER RECYCLÉ OU DU PAPIER FABRIQUÉ AVEC DU MATÉRIEL SYNTHÉTIQUE.

- Les contenants en papier plastifié résistant à la chaleur servent à la cuisson aux micro-ondes ou à la cuisson au four par convexion.

Comment s'assurer qu'un récipient va au four à micro-ondes

- Déposer une tasse à mesurer pleine d'eau dans le four ainsi que le récipient à vérifier.

- Chauffer pendant une minute à intensité élevée «HIGH».

- Le récipient peut être utilisé dans le four à micro-ondes s'il reste relativement froid alors que l'eau est chaude.

- Si le récipient a chauffé, cela veut dire qu'il a absorbé les micro-ondes. Dans un tel cas, il ne doit pas être utilisé.

- CE TEST NE S'APPLIQUE PAS AUX CONTENANTS EN PLASTIQUE.

- CE TEST NE PERMET PAS DE VÉRIFIER LA RÉSISTANCE À LA CHALEUR NÉCESSAIRE À LA CUISSON PAR CONVEXION.

Vérification de la cuisson

- La vérification de la cuisson des aliments par micro-ondes et par convexion s'effectue de la même manière que dans un four conventionnel.

La viande est cuite lorsqu'elle est tendre sous la fourchette et que les fibres s'en séparent.

Le poisson est cuit lorsqu'il devient opaque et s'effrite facilement.

Les fruits de mer sont cuits lorsqu'ils deviennent opaques, prennent une couleur rosée et ont tendance à s'enrouler sur eux-mêmes.

La volaille est cuite lorsque le jus qui en sort est jaune et clair et que le pilon se déplace facilement.

Les fruits sont cuits lorsqu'ils sont très tendres et perdent un peu la forme.

Les légumes sont cuits lorsque leur couleur devient plus brillante et qu'ils sont tendres sous la fourchette.

Les gâteaux sont cuits lorsqu'un cure-dents en ressort sec ou si le gâteau se décolle des parois.

- SI L'ALIMENT N'EST PAS ASSEZ CUIT, POURSUIVRE LA CUISSON POUR UNE COURTE PÉRIODE, QUELLE QUE SOIT LA MÉTHODE DE CUISSON UTILISÉE.

- Quelques minutes sont suffisantes pour achever la cuisson en mode micro-ondes, 5 à 10 minutes pour la cuisson par convexion.

- Si le temps presse, achever la cuisson en mode micro-ondes en prenant soin de transférer les aliments à un récipient allant au four à micro-ondes, si nécessaire.

- Régler l'intensité selon l'aliment à cuire : c'est-à-dire «HIGH» pour les légumes, «MEDIUM» pour les viandes, et «LOW» pour les gâteaux, les pâtisseries et les petits pains.

Laisser reposer (attente)

- Cette expression «laisser reposer x minutes, la cuisson terminée» se retrouve dans bien des recettes.

- Comme le procédé de cuisson aux micro-ondes consiste essentiellement en une vibration intense de molécules, la cuisson des aliments continue par conduction même une fois que l'énergie des micro-ondes est arrêtée. La période d'attente permet aux molécules de se poser. C'est comme une balle qui rebondit et qui petit à petit vient à s'arrêter et à se poser.

- C'est aussi un peu ce qui se produit lorsque les aliments sont cuits pendant une durée x dans la partie convexion du four à micro-ondes et qu'ils sont laissés en attente.

- Lorsque dans une recette on lit : «laisser reposer x minutes, remuer et servir», c'est précisément ce qu'il faut faire.

Ustensiles de cuisson

Article	Cuisson aux micro-ondes	Cuisson par convexion	Cuisson au gril
Thermomètre			
– pour four à micro-ondes	oui	non	non
– pour four conventionnel	non	oui	non
Plateau pour repas préparés			
– métal	oui	oui	oui
– plastique	oui	Selon les indications de résistance à la chaleur	non
Récipient en métal	non	oui	oui
Attache métallique	non	oui	non
Grille à rissoler pour four à micro-ondes	oui	non	non
Lèchefrite	non	oui	oui
Clayette	non	non	oui
Vaisselle			
– résistant à la chaleur et allant au four à micro-ondes	oui	oui	non
– non résistant à la chaleur	Tester le plat	non	non
Céramique de verre	oui	oui	oui
Récipients en verre résistant à la chaleur	oui	oui	non
Contenant en papier plastifié	oui	oui	non
Feuille de plastique	oui	non	non
Récipient en plastique allant au four à micro-ondes	oui	Selon les indications de résistance à la chaleur	non
Verre en mousse de polystyrène (« styrofoam »)	Pour une courte période	non	non
Sac de cuisson	oui	oui	non
Articles en papier	Ne pas laisser le four sans surveillance	non	non
Papier ciré	oui	non	non
Papier d'aluminium	Pour protéger	oui	oui

Quelques conseils utiles pour réussir la cuisson au gril

• La marinade confère à la viande une saveur piquante intéressante ou une saveur délicate. Si le temps manque, il suffit d'arroser copieusement le steak de cognac 15 minutes avant la cuisson au gril.

• Pour éviter que la viande ne colle à la clayette, la frotter délicatement d'huile sur toutes ses surfaces. L'huile n'est pas nécessaire lorsque le cognac est utilisé.

• Si le temps manque pour faire mariner ou pour faire une sauce spéciale pour badigeonner, simplement frotter la viande de sauce de soja, de sauce Teriyaki ou H-P ou A-1.

• Pour de meilleurs résultats, retirer la viande du réfrigérateur une heure avant de la faire griller.

• Lorsque la côtelette ou le steak est entouré d'une bande de gras, il faut faire des incisions dans le gras à intervalles d'un pouce (2,5 cm) pour empêcher la pièce de viande d'onduler.

• Il est important de noter que le sel tire le jus de la viande ; il vaut mieux ne saler la côtelette ou le steak que dans l'assiette, après la cuisson.

• Préchauffer le four à « BROIL », en suivant les instructions du manuel d'utilisation du four.

• Ne jamais recouvrir la clayette de papier d'aluminium. L'air chaud doit pouvoir circuler librement autour des aliments.

• Lorsque la viande doit être badigeonnée de sauce durant la cuisson au gril, utiliser un pinceau. Il n'est pas nécessaire d'utiliser beaucoup de sauce ; l'excédent ne rehausserait pas la saveur et caraméliserait, ce qui rendrait le nettoyage plus difficile.

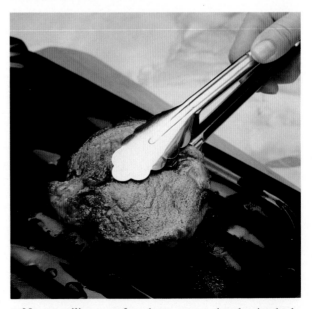

• Ne pas utiliser une fourchette pour retirer la viande de la clayette. Utiliser des pinces ou une spatule large et ferme. Cela prévient la perte des jus.

• Dans les 5 dernières minutes de cuisson au gril, des légumes peuvent être ajoutés sur la clayette : moitiés de tomates bien assaisonnées, tranches d'oignon saupoudrées de paprika, ou gros champignons, entiers ou en tranches épaisses, roulés dans le beurre fondu et saupoudrés de paprika. Bien entendu, si des légumes doivent être grillés ainsi, il faut prévoir l'espace nécessaire sur la clayette avant de commencer la cuisson.

• Pour la cuisson au gril du poisson, j'enrobe les morceaux de chapelure aromatique. Quelquefois, je les roule simplement dans un mélange de beurre fondu et de jus de citron et je saupoudre le dessus de paprika.

Huile à griller

> **Petit conseil :** Je badigeonne toujours la viande, le poisson ou la volaille d'huile végétale et je saupoudre de paprika, ce qui accélère le grillage.

• Comme il m'arrive souvent de faire la cuisson au gril, je garde sous la main une bouteille de ce que j'appelle mon « huile à griller » préférée pour assaisonner, huiler et colorer ce que je désire faire griller. En voici la recette :

Ingrédients :

1 tasse (250 mL) d'huile d'arachides

1 c. à soupe (15 mL) de paprika

2 c. à soupe (30 mL) de sauce de soja

1 c. à soupe (15 mL) de poivre frais moulu

1 gousse d'ail coupée en deux

Préparation :

• Mélanger tous les ingrédients. L'ail ne donne qu'une très délicate saveur, mais il peut être omis.

• Verser le mélange dans une bouteille, bien boucher et conserver dans un endroit frais, mais non pas au réfrigérateur.

• Se conserve de 6 à 8 mois. Bien agiter avant d'utiliser.

Marinades pour le gril

Petit conseil : Faire mariner le bifteck de une à douze heures, selon que vous désirez une saveur plus ou moins piquante, ou badigeonner de cognac 15 minutes avant la cuisson au gril. La marinade attendrit la viande en plus de l'assaisonner.

Ingrédients :

La marinade

1/2 tasse (125 mL) d'huile d'olive ou végétale

3 c. à soupe (50 mL) de vinaigre de cidre ou de vin rouge

1 c. à soupe (15 mL) de paprika

1 c. à thé (5 mL) de sel d'ail

1 c. à thé (5 mL) de sucre

La marinade au vin

1/2 tasse (125 mL) d'huile végétale

1/2 tasse (125 mL) de vin rouge sec

1/2 c. à thé (2 mL) de moutarde sèche

2 feuilles de laurier

1 c. à thé (5 mL) de grains de poivre écrasés

Préparation :

● Chacune des marinades confère une saveur distincte au bifteck.

● Mettre les grains de poivre entre deux feuilles de papier ciré et les écraser avec un maillet.

● Mettre le bifteck dans un plat et verser la marinade choisie sur le dessus. Couvrir de papier ciré.

● Laisser mariner 1 à 2 heures à la température de la pièce, ou de 2 à 12 heures, couvert et au réfrigérateur.

● Au moment de la cuisson au gril, retirer le bifteck de la marinade et l'éponger avec une serviette de papier.

● Frotter un peu d'huile végétale sur les deux côtés du bout des doigts.

● Préchauffer le four à « BROIL », en suivant les instructions du manuel d'utilisation du four.

Dorure
pour la viande

Préparation :	. . . . **5 min**
Cuisson :	. . . . **aucune**
Attente :	. . . . **aucune**

• Badigeonner la surface entière d'une viande ou d'une volaille avec cette huile, avant la cuisson au gril, la cuisson par convexion ou aux micro-ondes. Elle sera d'un beau doré et de saveur agréable. C'est un ingrédient presque indispensable dans toute cuisine.

Ingrédients :

1/2 tasse (125 mL) d'huile d'olive ou d'arachides

1/2 tasse (125 mL) de Kitchen Bouquet

1 gousse d'ail coupée en deux

2 feuilles de laurier

Préparation :

• Mélanger tous les ingrédients et conserver dans une bouteille bien bouchée.

• Cette dorure n'exige pas de réfrigération.

• La conserver à la température ambiante.

Le boeuf

Pointe de poitrine pochée à la sauce moutarde

Préparation :	**10 min**
Cuisson :	**de 2 à 3 h**
Attente :	**aucune**

Petit conseil : Ce plat est aussi délicieux servi chaud avec la sauce moutarde, que servi froid en tranches très minces accompagnées de **1/4 de tasse (60 mL) de moutarde préparée** à laquelle vous ajoutez des **cornichons à l'aneth** coupés en dés ou des **câpres**. Une **épaule d'agneau** roulée peut être pochée de la même manière.

Ingrédients :

2 à 3 lb (1 à 1,5 kg) de poitrine de boeuf désossée ou d'épaule d'agneau désossée

sel et poivre au goût

1 c. à thé (5 mL) de moutarde sèche

1 oignon haché grossièrement

1 branche de céleri avec feuilles, hachée

1 feuille de laurier

1 c. à thé (5 mL) de cassonade

1 c. à thé (5 mL) de graines d'aneth

3/4 de tasse (190 mL) d'eau

Préparation :

• Préchauffer la partie convexion du four à micro-ondes à 300°F (150°C).

• Saupoudrer la viande de sel et de poivre au goût et de moutarde sèche. Étendre du bout des doigts sur toute la surface de la viande.

• Mettre l'oignon, le céleri, la feuille de laurier, la cassonade et l'aneth dans le fond d'un plat de cuisson. Ajouter l'eau, y déposer la viande, couvrir.

• Faire cuire pendant 3 heures. Laisser refroidir si désiré.

• Pour l'épaule d'agneau qui cuit plus rapidement que le boeuf, vérifier la cuisson après 2 heures.

• Pour servir la viande froide, la laisser refroidir couverte, et la réfrigérer.

• Avant de servir, enlever le gras durci sur le dessus, retirer la viande du plat, l'essuyer avec un essuie-tout et la trancher.

vins

 Vin du Pays d'Oc, Domaine de Gourgazaud

Coteaux du Languedoc,
Prieuré Saint-Jean-de-Bébian

Sauce moutarde

Préparation :	**5 min**
Cuisson :	**15 min**
Attente :	**aucune**

Ingrédients :

1 tasse (250 mL) de jus de cuisson

2 c. à soupe (30 mL) de moutarde préparée

1 c. à thé (5 mL) de moutarde sèche

le zeste râpé d'un demi-citron

2 c. à soupe (30 mL) de farine

Petit conseil : Chaque type de moutarde donne une couleur et une saveur distinctes. La moutarde de Dijon est la meilleure pour la sauce chaude et la moutarde allemande est préférable pour la sauce servie froide.

Préparation :

Pour la servir chaude

• Préchauffer la partie convexion du four à micro-ondes à 400°F (200°C).

• Mettre tous les ingrédients dans un bol de métal, battre au fouet jusqu'à parfait mélange.

• Faire cuire 15 minutes, en remuant après 5 minutes.

• Servir dans une saucière.

Pour la servir froide

• Couvrir la sauce et la laisser refroidir sur le comptoir de la cuisine.

• Y ajouter **un petit cornichon à l'aneth** finement haché ou **1 c. à soupe (15 mL) de câpres.**

• Je remplace parfois le cornichon par 2 petits oignons verts finement hachés et de **l'aneth frais** au goût, finement haché.

Ragoût de boeuf au vin rouge

Préparation :	**15 min**
Cuisson :	**2 h 20 min**
Attente :	**aucune**

• Voici un mets délicieux préparé en un rien de temps. Il cuit pendant que vous vous adonnez à d'autres occupations.

Ingrédients :

2 lb (1 kg) de palette de boeuf coupée en bouchées, ou du boeuf à bouillir

une boîte de 10 oz (284 mL) de crème de champignons

1 enveloppe de soupe à l'oignon déshydratée

1 tasse (250 mL) de champignons tranchés

1 c. à soupe (15 mL) de farine

1/3 de tasse (80 mL) de crème ou de vin rouge

Préparation :

• Préchauffer la partie convexion du four à micro-ondes à 325°F (160°C).

• Mélanger le boeuf, la soupe aux champignons, la soupe à l'oignon, les champignons tranchés et la farine dans un plat de cuisson. Bien remuer.

• Faire cuire 2 heures, en remuant deux fois.

• Ajouter la crème ou le vin rouge.

• Faire cuire 20 minutes de plus.

• Remuer avant de servir.

vins

🍾 Bourgueil, Clos de la Henry

🥘 Chinon, Olga Raffault

Boeuf chasseur

Préparation : . . . .**25 min**

Cuisson : . . . .**de 1 h 50 à 2 h 20 min**

Attente : . . . .**aucune**

Petit conseil : Un rôti de côtes croisées cuit lentement sur un lit de légumes. Il est délicieux servi chaud. Lorsque refroidi, le reste, tranché mince, est succulent et tendre.

Ingrédients :

3 tranches de bacon, en dés

2 oignons tranchés mince

2 carottes pelées et tranchées mince

2 branches de céleri, en dés

1 c. à thé (5 mL) de sel

6 grains de poivre écrasés

1 c. à thé (5 mL) de marjolaine ou de thym

1/4 de tasse (60 mL) de margarine ou de gras de bacon

1/4 de tasse (60 mL) de vin rouge ou de porto

1/4 de tasse (60 mL) de consommé

2 feuilles de laurier

un rôti de boeuf de côtes croisées de 2½ à 3 lb (1 à 1,5 kg)

Préparation :

• Préchauffer la partie convexion du four à micro-ondes à 400°F (200°C).

• Mettre le bacon dans le fond d'un plat de cuisson. Ajouter les oignons, les carottes et le céleri.

• Faire cuire les légumes 20 minutes.

• Les retirer du four, ajouter le sel, le poivre, la marjolaine ou le thym, la margarine ou le gras de bacon. Remuer le tout pour faire fondre le gras.

• Ajouter le vin, le consommé et les feuilles de laurier. Ne pas remuer.

• Placer le rôti sur le tout.

• Réduire la température du four à 325°F (160°C) et faire cuire de 1½ à 2 heures.

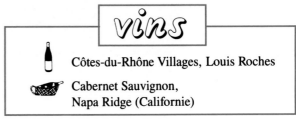

Côtes-du-Rhône Villages, Louis Roches

Cabernet Sauvignon, Napa Ridge (Californie)

15

Rôti braisé
de la jeune mariée

Préparation à l'avance : . . . . . . **de 8 à 24 h**	
Cuisson : le mets : . . . . **1 h 35 min**	
la sauce : . . . . **10 min**	
Attente : . . . . **aucune**	

vins

Beaujolais-Villages, Duboeuf

Brouilly, Château des Tours

• Il est tout aussi savoureux servi chaud ou froid.

Ingrédients :

un rôti de palette de 2 à 2¼ lb (1 kg),
   de 2 po (5 cm) d'épaisseur environ

1/3 de tasse (80 mL) de sauce de soja

2 c. à soupe (30 mL) de cassonade

le jus d'un demi-citron

1 ou 2 gousses d'ail finement hachées

1/2 c. à thé (2 mL) de bitters
   (amers aromatiques) (facultatif)

3 c. à soupe (50 mL) de rhum (facultatif)

1/2 tasse (125 mL) de ginger ale

1/4 de tasse (60 mL) de café

Préparation :

• Mettre la viande dans un plat non métallique.

• Mélanger les ingrédients qui restent, sauf le ginger ale et le café. Verser sur la viande. Couvrir et réfrigérer de 8 à 24 heures.

• Au moment de la cuisson, retirer la viande de la marinade. L'essuyer avec un papier absorbant.

• Préchauffer le four à « BROIL », selon les instructions du manuel d'utilisation de votre four.

• Placer la viande sur la clayette. La faire griller 10 minutes.

• Mettre alors la viande dans un plat de cuisson. La recouvrir du reste de la marinade. Bien couvrir.

• Préchauffer la partie convexion du four à micro-ondes à 375°F (190°C). Faire cuire 1 heure 25 minutes. Vérifier la cuisson.

Pour faire la sauce

• Retirer la viande du plat, ajouter le ginger ale et le café au jus de cuisson. Bien mélanger.

• Préchauffer la partie convexion du four 400°F (200°C) et faire chauffer la sauce 10 minutes.

• Bien remuer, ajouter la viande, badigeonner 3 à 4 fois avec la sauce.

• Saler et poivrer au goût. Servir.

Bifteck grillé

Préparation à l'avance : . . . . **de 1 à 2 h**

Cuisson : . . . . **de 15 à 22 min**

Attente : . . . .**aucune**

Petit conseil : Pour ce plat, les meilleures coupes sont le bifteck de contre-filet, le bifteck de côte [1 ½ po (4 cm)] d'épaisseur, le bifteck de surlonge ou d'aloyau [1 ½ à 2 po (4 à 5 cm)] d'épaisseur. Seule la meilleure qualité de bifteck donnera satisfaction. Ce sera alors un véritable régal.

Ingrédients :

bifteck au choix

2 c. à soupe (30 mL) de cognac ou de rye

1 c. à soupe (15 mL) de beurre fondu

1 c. à thé (5 mL) de sauce A-1

2 feuilles de laurier

Bordeaux, Beau-Mayne

Brentino, Breganze, Maculan

Préparation :

• Vous assurer que le bifteck est à la température de la pièce durant une heure ou deux avant la cuisson.

• Préchauffer le four à « BROIL », en suivant les instructions du manuel d'utilisation du four.

• Frotter le bifteck des deux côtés de cognac ou de rye, l'arroser du beurre fondu (sur le dessus seulement) et frotter ce même côté avec la sauce A-1 pour remplacer le sel et le poivre.

• Mettre les feuilles de laurier au milieu de la clayette chaude placée sur la lèchefrite du four.

• Y mettre le bifteck, le côté assaisonné sur le dessus.

• Faire griller le bifteck de contre-filet ou de côte 15 minutes pour un bifteck saignant et 20 minutes pour cuisson moyenne.

• Procéder de la même manière pour le bifteck de surlonge ou d'aloyau, mais le faire griller 22 minutes.

• Servir aussitôt cuit.

Boeuf grillé
à la japonaise

Préparation à l'avance :	**de 5 h 30 à 6 h 30**
Cuisson :	**de 10 à 12 min**
Attente :	**aucune**

• C'est au Japon que j'ai mangé de ce boeuf grillé pour la première fois. Il est très savoureux. Faites-en l'essai au grilleur de votre four à micro-ondes.

Ingrédients :

1 ½ lb (750 g) de ronde de boeuf

1 c. à soupe (15 mL) de gingembre frais râpé

2 c. à soupe (30 mL) de cassonade

1/4 de tasse (60 mL) de saké ou de vermouth sec

1/2 de tasse (125 mL) de sauce de soja japonaise

3 oignons verts hachés fin

Préparation :

• Placer la viande entre deux feuilles de papier ciré. L'aplatir à coups de maillets à un demi-pouce (1,25 cm) d'épaisseur.

• Enlever tout le gras visible, et entailler la viande ici et là en coupant à contre-fil.

• Tailler la viande en morceaux de 3 à 4 pouces (7,5 à 10 cm) d'épaisseur.

• Mettre dans un plat peu profond, saupoudrer de gingembre, de sucre et de saké ou de vermouth. Couvrir, laisser reposer 5 à 6 heures.

• Saupoudrer avec les oignons, laisser reposer 30 minutes.

• Préchauffer le four à « BROIL », en suivant les instructions du manuel d'utilisation du four.

• Embrocher 4 à 6 morceaux sur une brochette de bambou ou de métal.

• Disposer les brochettes sur la clayette et faire griller 10 à 12 minutes, en retournant au besoin pour faire griller.

 Merlot, La Delizia

 Coteaux d'Aix-en-Provence, Terres Blanches

La viande hachée

• Quelle que soit la viande hachée utilisée, il convient de varier les assaisonnements et la préparation pour éviter la monotonie dans la saveur et dans la texture des plats cuisinés.

L'achat de la viande hachée

• Le boeuf haché provient généralement de la pointe de poitrine, de l'épaule ou du jarret.

• La teneur en gras varie selon les coupes :

• à 17 %, c'est une viande maigre ;

• à 23 %, une bonne qualité, avec un peu plus de gras ;

• à 30 %, c'est un peu trop de gras.

• Il est alors préférable d'ajouter un absorbant de 1/2 à 1 tasse (125 à 250 mL), tel que de la mie de pain, du riz cuit, de l'avoine roulée, des biscuits soda écrasés, etc. Le rendement sera de 2 à 3 boulettes de plus.

La durée de conservation

• Le boeuf ou autre viande hachée doit être développé le plus tôt possible après l'achat. Le placer au réfrigérateur dans un bol de verre ou de plastique, recouvert de papier ciré.´

• Une livre (500 g) de viande hachée donne quatre portions.

• Pour qu'elle soit parfaite, il ne faut pas la conserver plus de 2 jours au réfrigérateur.

• Elle peut toutefois être surgelée, dans un contenant à congélation. Si la viande hachée est dans un plateau recouvert de matière plastique, mettre le tout dans un sac à congeler et placer au congélateur ; elle se conservera alors en parfait état durant 2 mois.

La préparation

• Quelle que soit la viande hachée utilisée – boeuf, porc, veau ou agneau – toutes sont préparées de la même manière, seuls les herbes et les assaisonnements varient.

Le liquide

• Toujours ajouter un liquide à la viande hachée afin de lui redonner ce qu'elle a perdu en humidité.

• Compter 2 c. à soupe (30 mL) d'un liquide de votre choix par livre (500 g) de viande hachée.

• Utiliser soit de l'eau, du jus de pomme, du cidre ou du vin, du lait ou de la crème, ou du consommé ; chaque liquide donne une texture et une saveur différentes.

Les oeufs

• Ils sont utilisés comme agent de liaison, ce qui rend le tout plus tendre après la cuisson.

• Utiliser 1 oeuf par livre (500 g) de viande hachée.

Les assaisonnements

• Le choix est varié. En ajouter un ou plus dans la préparation de la viande :

- 1/2 à 1 c. à thé (2 à 5 mL) de sel

- 1 petit oignon haché fin

- 1 gousse d'ail hachée

- 1/4 de tasse (60 mL) de ciboulette ou
  de persil haché fin

- 1/4 à 1/2 c. à thé (1 à 2 mL) de thym ou d'origan ou
  de marjolaine ou de sarriette

- 1/4 à 1/2 c. à thé (1 à 2 mL) de poivre frais moulu

- 1/2 c. à thé (2 mL) de poudre de cari

- 1 c. à thé (5 mL) de sauce A-1 ou
  de sauce Worcestershire.

• Chaque ingrédient choisi donne une saveur distincte aux boulettes ou aux pâtés cuits.

Casserole de boeuf haché à la farine de maïs

Préparation : . . . . **10 min**

Cuisson : . . . . **de 21 à 34 min**

Attente : . . . . **aucune**

Petit conseil : L'addition de la farine de maïs permet de servir six personnes avec une livre (500 g) de viande hachée. Un reste de rôti de boeuf passé au hache-viande peut remplacer le boeuf haché.

vins

Cabernet, La Delizia

Chianti, Classico, Brolio

Ingrédients :

1/2 tasse (125 mL) de farine de maïs

1/2 tasse (125 mL) d'eau froide

1 tasse (250 mL) d'eau chaude

1 c. à soupe (15 mL) d'huile d'arachides ou végétale

1 oignon haché fin

1 lb (500 g) de boeuf haché cru *ou*
  2 tasses (500 mL) de boeuf haché cuit

1 c. à thé (5 mL) de sel

1 oeuf battu

1 c. à thé (5 mL) de sarriette

1 c. à soupe (15 mL) de persil émincé

3 tomates tranchées

sucre

Préparation :

• Bien mélanger la farine de maïs et l'eau froide.

• Ajouter l'eau chaude, bien mélanger.

• Mettre l'oignon dans l'huile d'arachides ou végétale dans un bol pour cuisson aux micro-ondes et faire cuire 1 minute à « HIGH », ajouter le boeuf haché cru et remuer pour bien mélanger à l'oignon.

• Cuire aux micro-ondes 3 minutes à « HIGH ». Retirer le plat du four.

• Si un reste de viande cuite est utilisé, le passer au hachoir et simplement l'ajouter à l'oignon.

• Préchauffer la partie convexion du four à micro-ondes à 350°F (180°C).

• Ajouter le mélange de la farine de maïs, le sel, l'oeuf, la sarriette et le persil.

• Bien mélanger et mettre dans un plat de cuisson beurré.

• Disposer les tranches de tomates sur le dessus. Saupoudrer les tomates d'un peu de sucre.

• Mettre le plat de cuisson au four et faire cuire de 20 à 30 minutes pour que le dessus soit doré. Servir.

Mes pâtés préférés de viande hachée

Préparation : . . . . **10 min**

Cuisson : . . . . **de 6 à 7 min**

Attente : . . . . **aucune**

• Mettre dans un bol **1 livre (500 g) de boeuf, d'agneau haché, ou autre viande de votre choix.**

• Ajouter **le zeste et le jus de 1/2 citron, 1 c. à thé (5 mL) de sel et autant de sarriette ou d'aneth, un peu de poivre frais moulu**.

• Faire des boulettes ou des pâtés.

• Les faire cuire tel qu'indiqué ci-après :

• Préchauffer la partie convexion de votre four à micro-ondes à 400°F (200°C).

• Faire fondre au four préchauffé **2 c. à soupe (30 mL) de beurre ou de margarine, de gras de bacon ou d'huile végétale** dans une assiette à tarte en métal ou en céramique, le meilleur ustensile pour la cuisson des pâtés de viande par convexion dans le four à micro-ondes.

• Saupoudrer légèrement de **paprika** un côté seulement des pâtés, les disposer les uns à côté des autres dans le gras chaud, le côté paprika touchant le fond de l'assiette.

• Badigeonner légèrement de beurre ou de margarine le dessus des pâtés et faire dorer 3 minutes dans le four préchauffé, les retourner avec une spatule et faire cuire de l'autre côté 3 à 4 minutes, selon l'épaisseur des pâtés.

• Les servir aussitôt cuits ou les laisser dans le plat de cuisson jusqu'au moment de servir, pour qu'ils demeurent chauds et conservent toute leur saveur.

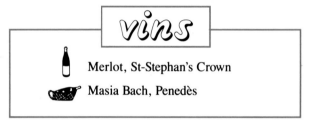

vins

Merlot, St-Stephan's Crown

Masia Bach, Penedès

Boulettes de viande à l'allemande

Cuisson au gril

• En Allemagne, les touristes qui désirent déguster un bon steak commandent le « Deutsches Beefsteak ». Ils sont tout surpris lorsqu'on leur sert un hamburger. Les Allemands furent les créateurs du hamburger, tel que nous l'apprêtons, petit pain, condiments et pâté de viande. Les boulettes allemandes sont particulièrement bonnes et peuvent sans hésitation être servies à des invités.

Ingrédients :

Boulettes de viande

1 lb (500 g) de boeuf haché

1 lb (500 g) de porc haché

1 oignon moyen pelé, coupé en quartiers

2 c. à soupe (30 mL) de persil émincé

| Préparation à l'avance : . . . . de 2 à 4 h |
| Cuisson : les boulettes : . . . . de 18 à 20 min |
| la garniture : . . . . 5 min |
| Attente : . . . . aucune |

2 oeufs

2 c. à thé (10 mL) de sel

1/2 c. à thé (2 mL) de poivre

le zeste d'un citron

1 c. à soupe (15 mL) de margarine ou de beurre fondu

3 c. à soupe (50 mL) de farine

Garniture

2 c. à soupe (30 mL) de gras de bacon ou de margarine

2 petits oignons tranchés mince

Préparation :

Boulettes de viande

• Mélanger le boeuf et le porc hachés, l'oignon et le persil.

• Ajouter l'oeuf, le sel, le poivre et le zeste de citron.

• Mélanger la farine et la margarine ou le beurre fondu, ajouter à la viande.

• Pétrir du bout des doigts pour bien mélanger le tout. En faire huit boulettes d'égale grosseur.

• Les mettre dans une assiette et les réfrigérer de 2 à 4 heures.

• Préchauffer le four à micro-ondes à « BROIL », en suivant les instructions du manuel d'utilisation du four.

• Placer les boulettes sur la clayette du four et faire griller de 18 à 20 minutes, les retournant à la mi-cuisson.

Garniture

• Mettre le gras de bacon ou la margarine dans un plat pour cuisson aux micro-ondes et faire fondre 2 minutes à « HIGH ».

• Défaire les tranches d'oignons en rondelles, les ajouter au gras chaud, les faire cuire 3 minutes à « HIGH ». Les verser sur les boulettes chaudes et servir.

 Coteaux du Lyonnais, Pellerin

 Beaujolais-Villages, Pasquier-Desvignes

Kotlety russes

Petit conseil : Cette recette provient de la cuisine russe. Selon la tradition, les boulettes sont servies avec un plat de kasha*, qui peut fort bien être remplacé par du riz garni de persil ou de petits oignons verts.

Ingrédients :

1 tasse (250 mL) de pain sec coupé en dés

1 tasse (250 mL) de lait

1 lb (500 g) de boeuf haché

1/2 c. à thé (2 mL) de sel

poivre au goût

2 oeufs légèrement battus

1 c. à soupe (15 mL) de beurre et autant d'huile

3 c. à soupe (50 mL) de crème sure

Préparation :

- Il est important d'avoir du pain bien sec.

- Le placer dans un bol, le recouvrir de lait et l'y laisser tremper 30 minutes.

- Le verser ensuite dans un tamis en pressant sur le pain jusqu'à ce que le liquide en soit égoutté.

- Préchauffer la partie convexion du four à micro-ondes à 400°F (200°C).

- Mélanger le pain avec le boeuf haché, le sel, le poivre et les oeufs. Former en boulettes.

- Mettre le beurre et l'huile dans une assiette à tarte ou un plat de cuisson peu profond, placer au four pour faire fondre le beurre.

- Disposer les boulettes les unes à côté des autres, les mettre au four et faire dorer 10 minutes, les remuer après 5 minutes de cuisson. Vous assurer que les boulettes soient bien cuites. Les retirer alors du plat de cuisson.

- Bien gratter le fond du plat, ajouter la crème sure au jus de cuisson dans le plat.

- Faire chauffer de 3 à 5 minutes à 400°F (200°C) ou jusqu'à ce que la sauce soit bien chaude et légèrement épaissie.

- Verser sur les Kotlety et servir.

* Le kasha est un gruau de sarrasin qui peut être servi avec les viandes et les volailles. Il peut remplacer la chapelure dans le pain de viande ou dans la farce.

Préparation à l'avance : . . . . **45 min**
Cuisson : le mets : . . . . **10 min**
            la sauce : . . . . **de 3 à 5 min**
Attente : . . . . **aucune**

vins

 Côtes-du-Ventoux, Val Muzol, Delas

 Dolcetto D'Alba, Renato Ratti

Recette spéciale de hamburgers

Cuisson au gril

• Lorsque j'étais au Japon, cette recette de sauce teriyaki m'a tellement plu que j'ai eu l'idée de l'essayer avec les hamburgers grillés. Ils sont devenus mes favoris. J'utilise aussi cette sauce pour mariner les côtes levées et les morceaux de poulet.

Ingrédients :

Sauce teriyaki

2 c. à soupe (30 mL) de miel ou de cassonade

2 c. à soupe (30 mL) d'huile végétale

4 c. à soupe (60 mL) de sauce de soja

1 c. à soupe (15 mL) de vin rouge ou japonais

1 c. à thé (5 mL) de gingembre frais râpé

1 gousse d'ail coupée en deux

Les hamburgers

1 lb (500 g) de boeuf haché

1 petit oignon haché fin

2 biscuits soda écrasés

1 c. à thé (5 mL) de sel

1/2 c. à thé (2 mL) de poivre frais moulu

| Préparation : la sauce : . . . .**5 min** |
| les hamburgers : . . . .**10 min** |
| Cuisson : . . . .**de 10 à 12 min** |
| Attente : . . . .**aucune** |

Préparation :

La sauce

• Mélanger tous les ingrédients de la sauce. Elle se conserve de 6 à 8 semaines au réfrigérateur.

Les hamburgers

• Préchauffer le four à « BROIL », en suivant les instructions du manuel d'utilisation du four.

• Mélanger le boeuf et l'oignon.

• Ajouter les biscuits soda, le sel et le poivre. Former en 4 à 6 pâtés, d'environ 1/2 pouce (1,25 cm) d'épaisseur.

• Placer les pâtés sur la clayette, frotter le dessus de la viande avec la sauce puis les faire griller 5 à 6 minutes.

• Les frotter de nouveau avec la sauce et les retourner.

• Frotter le dessus et faire griller 5 à 6 minutes de plus, ou jusqu'à ce qu'ils soient cuits à votre goût.

vins

 Sangre de Toro, Torres

 Côtes du Frontonnais, Bellevue-La Forêt

Hamburger sur pain grillé

Cuisson au gril

Préparation	**5 min**
Cuisson :	**de 15 à 17 min**
Attente :	**aucune**

Petit conseil : Un hamburger inusité. Servir avec des cornichons ou de la choucroute. Faire griller le pain tel qu'indiqué.

Ingrédients :

6 tranches de pain blanc, brun ou de seigle

1 lb (500 g) de boeuf haché

sel et poivre au goût

2 oignons verts hachés fin

1 c. à thé (5 mL) de raifort préparé

paprika

Préparation :

• Préchauffer le four à « BROIL », en suivant les instructions du manuel d'utilisation du four.

• Beurrer le pain sur un seul côté. Le placer sur la clayette, le côté beurré sur le dessus. Faire griller 5 minutes.

• Mélanger le reste des ingrédients.

• Retirer le pain grillé du four (vous assurer de fermer la porte du four après avoir retiré le pain).

• Entasser la viande en portions égales sur le côté non beurré de chaque tranche de pain. Saupoudrer de paprika.

• Faire griller 10 à 12 minutes. Garnir de ketchup ou de sauce chili.

Egri Bikaver, Monimpex (Hongrie)

Bairrada, Caves Aliança

Le veau

Rôti de veau par convexion

Préparation : . . . . **10 min**
Cuisson : le mets : . . . . . **de 1 h 40 à 2 h 05 min**
           la sauce : . . . . **3 min**
Attente : . . . . **aucune**

Petit conseil : Dans le rôtissage du veau, il faut se rappeler que le veau est une viande maigre. Pour remédier au manque de gras, on badigeonne la viande avec un gras au choix avant la cuisson. Cette viande exige une cuisson lente et prolongée pour être tendre.

Ingrédients :

un demi-cuisseau de veau de 4 à 5 lb (2 à 2,5 kg)

2 à 3 gousses d'ail

2 c. à soupe (30 mL) de beurre, margarine ou huile

2 c. à soupe (30 mL) de gras de bacon ou de gras de veau, fondu

1 c. à thé (5 mL) de moutarde sèche

1 c. à thé (5 mL) de thym ou d'estragon

1 oignon, tranché mince (facultatif)

1 c. à thé (5 mL) de sel

2 c. à thé (10 mL) de fécule de maïs

Préparation :

• Préchauffer la partie convexion du four à micro-ondes à 350°F (180°C).

• Faire quelques incisions dans la viande avec la pointe d'un couteau et y insérer, au goût, les gousses d'ail.

• Battre en crème le beurre, la margarine ou l'huile avec le gras fondu, la moutarde et l'herbe choisie. Couvrir le rôti de ce mélange.

• Disposer la viande dans une rôtissoire, la recouvrir des tranches d'oignon.

• Faire rôtir 25 minutes par livre (500 g).

• Assaisonner de sel durant les dernières 15 minutes de cuisson et badigeonner souvent avec le jus de cuisson.

• Lorsque la viande est cuite, la placer sur un plat de service, en laissant les tranches d'oignon dans la rôtissoire.

La sauce

• Verser les jus de cuisson dans un plat pour cuisson aux micro-ondes, en grattant le fond de la rôtissoire pour inclure l'oignon et toutes les particules de cuisson qui donnent de la saveur à la sauce.

• Ajouter **1/2 tasse (125 mL) d'eau froide, de thé ou de vin blanc ou rouge,** remuer.

• Passer aux micro-ondes 2 minutes à « HIGH ». Couler les jus de cuisson.

• Délayer la fécule de maïs avec un peu d'eau. Ajouter à la sauce en remuant et passer aux micro-ondes 1 minute à « HIGH ».

• Servir en saucière.

 Vin du Pays d'Oc, Domaine de Gourgazaud

 Coteaux d'Aix-en-Provence, Terres Blanches

Rôti de veau braisé avec légumes

Préparation : . . . .**20 min**

Cuisson : . . . .**2 h**

Attente : . . . .**aucune**

Petit conseil : C'est au printemps que les différentes coupes de veau sont disponibles sur les marchés. Cette recette se prépare avec l'épaule de veau, qui peut être remplacée par un rôti de côtes croisées de boeuf.

Ingrédients :

3 lb (1,5 kg) d'épaule de veau ou de côtes croisées de boeuf

1 gousse d'ail

2 c. à thé (10 mL) de sel

3 c. à soupe (50 mL) de farine

**2 c. à soupe (30 mL) de gras de votre choix
(le gras du rôti coupé en petits dés peut être utilisé)**

1/2 tasse (125 mL) d'eau ou de bouillon de boeuf

1/2 c. à thé (2 mL) de thym ou de sarriette

6 pommes de terre moyennes, pelées

6 à 8 carottes moyennes, tranchées mince

6 oignons moyens, pelés

Préparation :

• Préchauffer la partie convexion du four à micro-ondes à 375°F (190°C).

• Essuyer la viande avec un papier absorbant et la frotter avec la gousse d'ail coupée en deux.

• Mélanger le sel et la farine et en saupoudrer la viande de tous les côtés.

• Mettre le gras dans un plat de cuisson et le faire fondre 2 minutes au four préchauffé.

• Saisir la viande dans le gras chaud 2 à 3 minutes de chaque côté.

• Ajouter l'eau ou le bouillon, de préférence chaud, saupoudrer le thym ou la sarriette sur la viande, faire cuire 1 heure.

• Disposer ensuite les légumes autour de la viande et poursuivre la cuisson durant 1 heure.

• Lorsque le tout est cuit, disposer la pièce de viande sur un plat chaud entourée de ses légumes.

Pour faire la sauce

• Verser le jus de cuisson dans un bol pour cuisson aux micro-ondes, s'il y a lieu.

• Épaissir le jus, au goût, avec **une cuillerée de farine grillée** délayée dans un peu d'eau froide.

• Faire cuire aux micro-ondes 1 ou 2 minutes à « HIGH ».

• Pour une sauce claire, omettre la farine et ajouter au jus **3 c. à soupe (50 mL) de sauce chili ou de porto.**

vins

Côtes-du-Ventoux, Pasquier-Desvignes

Passetoutgrain, Jaffelin

Rognons de veau au cognac

Préparation : . . . . **15 min**

Cuisson : . . . . **16 min 30 s**

Attente : . . . . **aucune**

• Véritable plat de gourmet !

Ingrédients :

4 rognons de veau

farine

sel et poivre au goût

3 c. à soupe (50 mL) de beurre

1/4 tasse (60 mL) de cognac

1 c. à thé (5 mL) de beurre

1/2 c. à thé (2 mL) de moutarde sèche

le jus d'un demi-citron

ciboulette ou persil, haché

 Cahors, Domaine de Souleillan

 Bourgogne, Réserve de la chèvre noire

Préparation :

• Enlever le gras des rognons, les couper en deux. Enlever la partie blanche du milieu avec des ciseaux.

• Rouler chaque moitié dans la farine. Saler et poivrer.

• Faire fondre le beurre dans un plat pour cuisson aux micro-ondes 1 minute à « HIGH ».

• Saisir les rognons dans le beurre chaud 1 minute à « HIGH » de chaque côté. Les mettre dans une casserole, couvrir.

• Préchauffer la partie convexion du four à micro-ondes à 350°F (180°C), y faire cuire les rognons 15 minutes.

• Mettre les rognons dans un plat chaud, les couvrir pour en conserver la chaleur.

• Mettre le jus de cuisson dans un plat pour cuisson aux micro-ondes, s'il y a lieu, ajouter le cognac et chauffer 1 minute à « HIGH ».

• Ajouter le beurre et la moutarde.

• Trancher les rognons cuits et les ajouter au cognac, brasser.

• Ajouter le jus de citron, la ciboulette ou le persil. Faire chauffer 30 secondes à « HIGH ».

• Servir aussitôt prêts.

Sauce au beurre à la ciboulette

Cuisson aux micro-ondes

> **Petit conseil :** Voici une excellente sauce trempette pour accompagner les viandes grillées durant l'été.

Ingrédients :

1 tasse (250 mL) de beurre

le zeste râpé d'un citron

2 c. à soupe (30 mL) de jus de citron frais

1/4 de c. à thé (1 mL) de sel et autant de poivre
  et de paprika

Préparation : . . . .**2 min**

Cuisson : . . . .**1 min**

Attente : . . . .**aucune**

1/4 de tasse (60 mL) de persil, émincé

2 oignons verts, hachés fin

1/4 de tasse (60 mL) de ciboulette, hachée fin

Préparation :

• Mettre dans un bol pour cuisson aux micro-ondes le beurre, le zeste et le jus de citron. Faire chauffer 1 minute à « HIGH ».

• Ajouter le reste des ingrédients. Bien mélanger.

• Verser dans une saucière réchauffée.

• Servir comme trempette pour accompagner le porc ou le veau ou les fruits de mer grillés.

30

Moutarde
de Dijon maison

Cuisson aux micro-ondes

Préparation à l'avance : . . . . **24 h**

Cuisson : . . . . **de 3 à 4 min**

Attente : . . . . **1 semaine**

• Il est avantageux d'apprendre à faire cette moutarde, car la moutarde importée coûte cher. Cette recette vous plaira, surtout si vous utilisez du vinaigre et une huile d'olive de choix.

Ingrédients :

2 oignons moyens, tranchés

2 grosses gousses d'ail, en filets

1 tasse (250 mL) de vinaigre de vin rouge ou blanc

1/8 de c. à thé (0,05 mL) de poivre de cayenne ou de Tabasco

2 c. à thé (10 mL) de sel

1 tasse (250 mL) de moutarde sèche

1 c. à soupe (15 mL) de fécule de maïs

1 c. à soupe (15 mL) d'huile d'olive

2 c. à soupe (30 mL) de miel clair

Préparation :

• Mettre les oignons et l'ail dans un bocal en verre. Ajou-

ter le vinaigre. (Le vinaigre de vin rouge donne une moutarde plus foncée que le vinaigre de vin blanc.)

• Couvrir et laisser reposer 24 heures, couler le vinaigre dans une passoire fine.

• Mélanger le poivre de cayenne ou le Tabasco, le sel, la moutarde sèche, 1/2 tasse (125 mL) du vinaigre coulé et la fécule de maïs.

• Mettre le reste du vinaigre dans un bol pour cuisson aux micro-ondes et chauffer 1 minute à « HIGH ».

• Ajouter le mélange de moutarde. Bien mélanger et passer aux micro-ondes 2 ou 3 minutes à « MEDIUM-HIGH », en remuant deux fois.

• Laisser refroidir environ 1 heure.

• Mélanger l'huile d'olive et le miel et battre 3 minutes au malaxeur électrique.

• Mettre dans de jolis bocaux et bien couvrir. Réfrigérer.

Petit conseil : La moutarde doit reposer une semaine avant l'utilisation. Bien agiter le bocal au moment de l'utiliser.

Sauce aux tomates fraîches

Cuisson aux micro-ondes

Préparation : . . . . **10 min**
Cuisson : . . . . **de 8 à 12 min**
Attente : . . . . **aucune**

> **Petit conseil :** Quand les tomates sont en abondance, voici la recette par excellence pour servir avec des nouilles fines, du poisson frit, des côtelettes de veau ou du poulet.

Ingrédients :

2 lb (1 kg) de tomates fraîches, pelées et coupées en quatre

2 oignons moyens, émincés

2 clous de girofle

1 c. à soupe (15 mL) de sucre

1/2 c. à thé (2 mL) de thym

2 feuilles de laurier

1 c. à soupe (15 mL) de purée de tomates

1 c. à soupe (15 mL) de beurre

Préparation :

• Mettre dans un plat pour cuisson aux micro-ondes les tomates, les oignons, les clous de girofle, le sucre, le thym et le laurier. Remuer. Cuire aux micro-ondes 8 minutes à « HIGH ».

• Battre la sauce avec un fouet métallique, elle aura la consistance d'une crème. Si elle est trop claire, la faire cuire 4 minutes de plus à « HIGH ».

• Ajouter la purée de tomates et le beurre. Remuer jusqu'à ce que le beurre soit fondu. Vérifier l'assaisonnement et servir.

Le porc

Rôti de porc à l'orientale

Préparation à l'avance : . . . . **12 h**
Cuisson : . . . . **de 1 h 20 min à 2 h**
Attente : . . . . **aucune**

• Voici un grand succès de la cuisson par convexion. Ce rôti est également savoureux servi chaud ou froid.

Ingrédients :

un rôti de porc désossé de 2 à 3 lb (1 à 1,5 kg)

1/4 de tasse (60 mL) de sauce de soja japonaise

1/4 de tasse (60 mL) de sauce chili

1 c. à soupe (15 mL) de miel

La sauce

1/4 de tasse (60 mL) de graines de sésame, grillées (facultatif)

8 oignons verts, hachés fin

1/4 de tasse (60 mL) de sauce de soja

Préparation :

• Mélanger le premier 1/4 de tasse (60 mL) de sauce de soja, la sauce chili et le miel.

• Ajouter la viande et bien mélanger. Couvrir et la laisser mariner au réfrigérateur, jusqu'au lendemain.

• Retirer la viande de la marinade. Placer le rôti dans un plat de cuisson.

• Préchauffer la partie convexion du four à micro-ondes à 350°F (180°C).

• Faire cuire la viande 40 minutes par livre (500 g), en l'arrosant deux fois durant la cuisson avec le reste de la marinade.

• Vérifier la cuisson avec un thermomètre à viande. La température interne doit être de 170°F (77°C).

• Servir le rôti tranché mince, avec la sauce de la cuisson ou la sauce préparée comme suit :

• Mélanger les graines de sésame, les oignons verts et la sauce de soja dans un bol sans faire chauffer et placer au centre de la table. Chacun se sert à son goût.

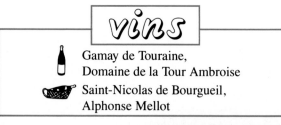

vins

Gamay de Touraine,
Domaine de la Tour Ambroise
Saint-Nicolas de Bourgueil,
Alphonse Mellot

Rôti de porc savoyard

Préparation : . . . . **10 min**

Cuisson : . . . .**de 2 h à 2 h 40 min**

Attente : . . . .**aucune**

• Le mets de prédilection des montagnards en Savoie, c'est le plat du dimanche en famille.

Ingrédients :

un rôti de porc de 3 à 4 lb (1,5 à 2 kg)

1 gousse d'ail émincée ou pressée

1/2 c. à thé (2 mL) de marjolaine

1/4 de c. à thé (1 mL) de romarin

1 c. à thé (5 mL) de persil émincé

1 c. à thé (5 mL) de poivre frais moulu

1 c. à thé (5 mL) de sel

1/4 de tasse (60 mL) d'eau chaude

Préparation :

• Préchauffer la partie convexion du four à micro-ondes à 350°F (180°C).

• Mélanger l'ail, la marjolaine, le romarin, le persil, le poivre et le sel.

• Faire une rangée d'incisions dans la viande et les remplir du mélange aromatique.

• Mettre le rôti dans un plat de cuisson. Ajouter l'eau chaude.

• Faire rôtir 40 minutes par livre (500 g).

• Vérifier la cuisson avec un thermomètre à viande. La température interne doit être de 170°F (77°C).

• Servir.

Pour servir le rôti froid

• Couler le jus de cuisson dans un bol, le couvrir et le réfrigérer.

• Placer la viande dans un plat pour la laisser refroidir. Dès qu'elle est refroidie, la réfrigérer couverte jusqu'au moment de servir.

• Au moment de servir, retirer le gras du dessus de la sauce et garnir la viande avec la gelée coupée en dés.

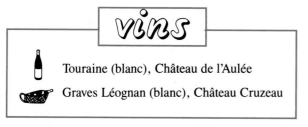

Touraine (blanc), Château de l'Aulée

Graves Léognan (blanc), Château Cruzeau

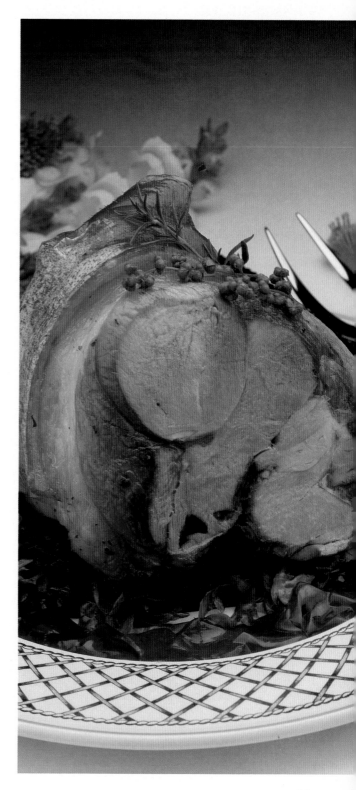

Côtelettes de porc ou d'agneau, panées

Cuisson au gril

Préparation :	**10 min**
Cuisson :	**25 min**
Attente :	**aucune**

> **Petit conseil :** Préparez vous-même votre chapelure d'enrobage pour rehausser la saveur des côtelettes d'agneau ou de porc grillées.

Ingrédients :

Chapelure d'enrobage

2 à 3 tasses (500 à 750 mL) de chapelure fine

1 c. à thé (5 mL) de poivre

2 c. à thé (10 mL) de sel

3 c. à thé (15 mL) de paprika

1/2 c. à thé (2 mL) de poudre d'ail

1 c. à thé (5 mL) de thym

1/2 c. à thé (2 mL) de sarriette ou d'origan

1/2 à 1 c. à thé (2 à 5 mL) de curcuma ou poudre de cari

1/2 c. à thé (2 mL) de sucre

2 c. à soupe (30 mL) d'huile végétale

La viande

4 côtelettes d'agneau ou de porc de 3/4 de po (2 cm) d'épaisseur

3 c. à soupe (50 mL) d'huile végétale ou de gras de bacon fondu

Préparation :

• Préchauffer le four à micro-ondes à « BROIL », en suivant les instructions du manuel d'utilisation du four.

• Préparer la chapelure d'enrobage en mélangeant très bien tous les ingrédients.

• Frotter chaque côtelette d'huile végétale ou de gras de bacon fondu.

• Rouler les côtelettes dans un peu de chapelure d'enrobage, les placer sur la clayette.

• Faire griller 25 minutes ou jusqu'à ce qu'elles soient bien cuites, les retournant à la mi-cuisson. Servir.

vins

Sangiovese di Romagna, Plauto

Barolo, Fontanafredda

Côtelettes de porc à l'orange

Préparation :	10 min
Cuisson : le mets :	30 min
la sauce :	50 s
Attente :	aucune

> **Petit conseil :** Le jus et les tranches d'orange relèvent la délicate saveur du porc. Accompagner de riz et de choux de Bruxelles.

Ingrédients :

3 c. à soupe (50 mL) de beurre ou de margarine

6 côtelettes d'épaule de porc

sel et poivre au goût

1/2 tasse (125 mL) de jus d'orange

1/4 de tasse (60 mL) de cassonade

le jus d'un demi-citron

1/4 de c. à thé (1 mL) de quatre-épices

le zeste râpé d'une orange

1 orange, tranchée mince

La sauce

3 c. à thé (15 mL) de fécule de maïs

2 c. à soupe (30 mL) d'eau froide

Préparation :

- Faire fondre le beurre ou la margarine dans un plat pour cuisson aux micro-ondes 40 secondes à « HIGH ».

- Retirer le plat du four.

- Y disposer les côtelettes, les presser fortement avec une fourchette, les retourner et les assaisonner de sel et de poivre.

- Mélanger le jus d'orange, la cassonade, le jus de citron, le quatre-épices et le zeste d'orange. Verser sur les côtelettes et les recouvrir des tranches d'orange.

- Préchauffer la partie convexion du four à micro-ondes à 350°F (180°C), y placer les côtelettes et faire cuire 30 minutes ou jusqu'à ce qu'elles soient tendres, les arrosant une fois à la mi-cuisson avec le jus au fond du plat.

- Disposer les côtelettes sur un plat de service chaud.

Pour faire la sauce

- Délayer la fécule de maïs dans l'eau froide et ajouter au jus de cuisson. Cuire aux micro-ondes 30 secondes à « HIGH », bien brasser et cuire 20 secondes de plus à « MEDIUM-HIGH ».

- Servir en saucière.

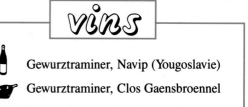

vins

Gewurztraminer, Navip (Yougoslavie)

Gewurztraminer, Clos Gaensbroennel

Côtelettes de porc aux canneberges

Préparation :	. . . . **10 min**
Cuisson :	. . . . **1 h**
Attente :	. . . . **aucune**

• Le mélange de canneberges fraîches et de miel rehausse la saveur de ces côtelettes. Elles sont délicieuses.

Ingrédients :

4 à 6 côtelettes de porc de 1 po (2,5 cm) d'épaisseur

sel et poivre au goût

2 tasses (500 mL) de canneberges, hachées

1/4 à 1/2 tasse (60 à 125 mL) de miel

1/4 de c. à thé (1 mL) de clous moulus

1/4 de c. à thé (1 mL) de muscade

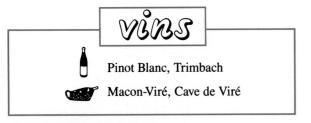

Pinot Blanc, Trimbach

Macon-Viré, Cave de Viré

Préparation :

• Enlever le gras des côtelettes et en hacher suffisamment pour obtenir 1 c. à soupe (15 mL).

• Mettre ce gras dans un plat pour cuisson aux micro-ondes assez grand pour contenir les côtelettes. Cuire aux micro-ondes de 3 à 4 minutes à « HIGH ».

• Retirer le plat du four.

• Saupoudrer un côté des côtelettes de paprika.

• Les disposer dans le plat de cuisson du côté paprika.

• Presser les côtelettes avec une fourchette pour que la surface entière adhère au fond du plat chaud.

• Mélanger les canneberges, le miel et les épices et verser sur les côtelettes.

• Préchauffer la partie convexion du four à micro-ondes à 350°F (180°C).

• Couvrir les côtelettes et les faire cuire 1 heure.

• Servir avec du riz persillé.

Jambon glacé

Préparation : . . . . .5 min

Cuisson : . . . . .25 min

Attente : .aucune

Petit conseil : Le jus d'orange et le jus de canneberges sont également bons dans cette garniture. Il m'arrive parfois de remplacer le jus par la sauce aux canneberges.

Ingrédients :

1 tasse (250 mL) de jus de canneberges ou d'orange

1/4 de tasse (60 mL) de cassonade

1 c. à soupe (15 mL) de fécule de maïs

un soupçon de clous de girofle moulus

1/4 de c. à thé (1 mL) de muscade

une tranche de jambon de 1½ à 2 po (3 à 5 cm) d'épaisseur

Préparation :

- Préchauffer la partie convexion du four à micro-ondes à 375°F (190°C).

- Disposer la tranche de jambon dans un plat de cuisson.
- Mélanger tous les ingrédients dans un bol ou une tasse à mesurer. Remuer.
- Verser le mélange sur le jambon.
- Faire cuire 25 minutes, en l'arrosant une fois avec le jus de cuisson dans le plat.
- Servir.

Muscat, Pierre Sparr

Moscato Giallo del Friuli, Livon

Tranche de jambon grillée au citron

Préparation : . . . .**5 min**

Cuisson : . . . .**6 min**

Attente : . . . .**aucune**

● Voici une excellente manière de servir de minces tranches de jambon précuit pour un déjeuner rapide.

Ingrédients :

le zeste râpé d'un citron

le jus d'un demi-citron

1/2 tasse (125 mL) de cassonade

1 c. à soupe (15 mL) de moutarde forte préparée

6 à 8 minces tranches de jambon précuit

1/2 citron, tranché très mince

Préparation :

● Préchauffer le four à « BROIL », en suivant les instructions du manuel d'utilisation du four.

● Bien mélanger le zeste râpé et le jus de citron avec la cassonade et la moutarde.

● Mettre les tranches de jambon sur la clayette. Faire griller 3 minutes.

● Retourner les tranches de jambon, frotter chacune avec le mélange au citron.

● Disposer une tranche de citron sur chaque tranche de jambon. Faire griller 3 minutes.

● Servir avec du riz bouilli persillé au déjeuner ou sur du pain de seigle grillé pour le brunch.

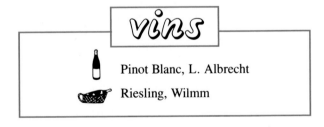

vins

Pinot Blanc, L. Albrecht

Riesling, Wilmm

Tranche de jambon grillée

Préparation :	. . . .**5 min**
Cuisson :	. . . .**15 min**
Attente :	. . . .**aucune**

Petit conseil : Le jambon précuit est le meilleur pour le grillage. Le servir chaud, ou le laisser tiédir et le servir accompagné d'une salade de pommes de terre et de tomates tranchées recouvertes d'oignons verts, en dés, et de vinaigrette.

Ingrédients :

1 tranche de centre de 1 à 1½ po (2,5 à 3 cm) d'épaisseur

2 c. à thé (10 mL) de cassonade

2 c. à thé (10 mL) de moutarde forte préparée

10 clous de girofle entiers

2 c. à soupe (30 mL) de beurre, fondu

Préparation :

• Préchauffer le four à micro-ondes à « BROIL », en suivant les instructions du manuel d'utilisation.

• Faire des incisions dans le gras autour de la tranche de jambon avec un couteau tranchant pour l'empêcher d'onduler durant la cuisson.

• Insérer les clous de girofle dans le gras autour de la tranche.

• Mélanger la cassonade et la moutarde.

• Ajouter, au goût, **le zeste râpé d'une orange** ou **d'un citron**. Saupoudrer sur la tranche.

• Arroser le tout de beurre fondu.

• Placer la tranche de jambon sur la clayette et faire griller 15 minutes.

 Bornheimer Adelberg, Kabinett, Rheinessen

 Burg Layer Schlosskapelle, Nahe, Pieroth

Saucisses fumées à l'italienne

Cuisson au gril

- Cette recette est populaire dans le sud de l'Italie, où l'on sert des saucisses assaisonnées à l'ail. Les saucisses fumées sont aussi bonnes. Voilà encore un mets pour les réceptions sans cérémonie.

Ingrédients :

2 tomates moyennes, pelées et hachées

4 c. à soupe (60 mL) de cheddar fort, râpé

1 petite gousse d'ail, hachée fin

1/2 c. à thé (2 mL) de sucre

1/2 c. à thé (2 mL) d'origan ou de sauge

une pincée de sel

8 ou 9 saucisses fumées

8 tranches de bacon

8 petits pains longs, coupés en deux et grillés

Préparation :	...............**30 min**
Cuisson :	.............**de 10 à 15 min**
Attente :	....................**aucune**

vins

 Soave Superiore, Anselmi

Breganze de breganze (blanc), Maculan

Préparation :

- Faire égoutter les tomates hachées dans une passoire 20 minutes.

- Ajouter aux tomates égouttées le fromage, l'ail, le sucre, l'origan ou la sauge et le sel. Bien mélanger.

- Faire blanchir les saucisses à l'eau bouillante 3 à 4 minutes. Égoutter.

- Préchauffer le four à « BROIL », en suivant les instructions du manuel d'utilisation du four.

- Trancher les saucisses en longueur, sans toutefois détacher les deux morceaux complètement. Les farcir du mélange de tomates.

- Entourer chaque saucisse d'une tranche de bacon retenue par un cure-dents.

- Disposer les saucisses fumées sur la clayette et les faire griller 10 à 15 minutes.

- Les retourner 3 ou 4 fois, jusqu'à ce que le bacon soit croustillant tout autour.

- Beurrer les petits pains. Trois minutes avant la fin de la cuisson, les disposer sur la clayette du côté beurré.

- Mettre les saucisses cuites dans les petits pains. Servir.

Saucisses fumées des jours de fête

Cuisson au gril

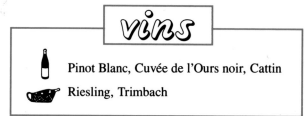

Pinot Blanc, Cuvée de l'Ours noir, Cattin

Riesling, Trimbach

Petit conseil : Ces saucisses fumées sont excellentes pour les moments de détente. Les servir avec un choix de petits pains ou de pain noir tranché mince et de bière froide.

Préparation :	10 min
Cuisson :	8 min
Attente :	aucune

Préparation :

- Préchauffer le four à « BROIL », en suivant les instructions du manuel d'utilisation du four.

- Trancher en deux en longueur **des saucisses fumées** ou des « **Knackwurst** ».

- Couvrir une moitié de **moutarde de Dijon** ou **de moutarde anglaise**, et couvrir de **cornichon à l'aneth** émincé au goût. Recouvrir de la seconde moitié de saucisse.

- Envelopper d'**une tranche de bacon** retenue par des cure-dents.

- Disposer les saucisses sur la clayette. Faire griller 4 minutes en retournant pendant la cuisson.

- Retirer les saucisses et les mettre dans les petits pains. Remettre au four de 3 à 4 minutes de chaque côté pour que les pains soient bien grillés. Servir chaudes.

Côtes levées marinées

Cuisson au gril

Préparation à l'avance :	. . . . **12 h**
Cuisson :	. . . . **de 1 h à 1 h 15 min**
Attente :	. . . . **aucune**

• Une de mes recettes préférées pour les barbecues d'été que j'ai adaptée au grilleur du four à micro-ondes avec beaucoup de succès et de facilité. La durée de cuisson est presque aussi longue que la cuisson au barbecue, mais j'ai trouvé les petites côtes plus juteuses et plus tendres avec cette manière de cuire au gril.

Ingrédients :

2 grosses gousses d'ail, écrasées

1 c. à soupe (15 mL) de sel

1 tasse (250 mL) de bouillon de poulet

1 tasse (250 mL) de marmelade d'orange

1/4 de tasse (60 mL) de ketchup ou de sauce chili

2 c. à soupe (30 mL) de sauce A-1 ou Kitchen Bouquet

4 à 6 lb (2 à 3 kg) de côtes levées

Préparation :

• Mélanger tous les ingrédients dans un grand bol, sauf la viande.

• Couper les côtes individuellement.

• Rouler chaque morceau dans la marinade, couvrir le bol et les mariner 12 heures au réfrigérateur, en les retournant plusieurs fois.

• Préchauffer le four à « BROIL », en suivant les instructions du manuel d'utilisation du four.

• Retirer les côtes de la marinade et les mettre sur la clayette. Les faire cuire 1 heure, les retourner quatre fois durant la cuisson et badigeonner chaque côté d'un peu du reste de la marinade lorsqu'elle est retournée.

• Il est parfois nécessaire de les faire cuire 10 à 15 minutes de plus. Vérifier la cuisson en coupant un petit morceau d'une côte.

• Les côtes sont juteuses et tendres et d'un beau doré glacé lorsque cuites.

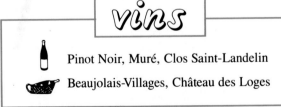

vins

Pinot Noir, Muré, Clos Saint-Landelin

Beaujolais-Villages, Château des Loges

Côtes levées amères et douces à l'orientale

Cuisson au gril

Préparation : . . . . **5 min**
Cuisson : . . . . **de 1 h à 1 h 10 min**
Attente : . . . . **aucune**

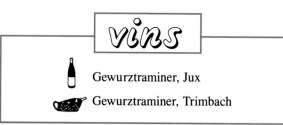

vins

Gewurztraminer, Jux

Gewurztraminer, Trimbach

• Ces côtes levées sont remarquables. Je les fais griller dans le grilleur de mon four à micro-ondes avec succès. Deux ingrédients sont essentiels, ce sont le vinaigre de vin et le gingembre frais.

Ingrédients :

3 à 4 lb (1,5 à 2 kg) de côtes levées, coupées en portions individuelles

2 c. à thé (10 mL) de sel

3 c. à soupe (50 mL) de sauce de soja

1/2 tasse (125 mL) de vinaigre de vin

1/2 tasse (125 mL) de cassonade

6 c. à soupe (90 mL) d'eau

1 boîte de 19 oz (540 mL) de cubes d'ananas

6 c. à soupe (90 mL) du jus des cubes d'ananas

2 c. à thé (10 mL) de gingembre frais, râpé

Préparation :

• Préchauffer le four à « BROIL », en suivant les instructions du manuel d'utilisation du four.

• Frotter les côtes avec le sel. Mettre la viande sur la clayette.

• Faire griller 30 minutes, en les retournant toutes les 10 minutes.

• Mélanger le reste des ingrédients sauf les cubes d'ananas, en badigeonner les côtes. Faire griller 30 à 40 minutes.

• Badigeonner la viande et la retourner toutes les 10 minutes.

• Lorsque la viande est cuite, elle se détache du bout des côtes.

• Retirer les côtes du grilleur.

• Ajouter dans un bol pour cuisson aux micro-ondes, les cubes d'ananas au reste du mélange pour badigeonner.

• Faire chauffer 1 minute à « HIGH ».

• Verser, au goût, sur les côtes grillées.

Casse-croûte fromage-bacon

Cuisson au gril

Préparation : . . . . .5 min
Cuisson : . . . . 10 min
Attente : . . . . .aucune

- Ce savoureux casse-croûte est toujours apprécié.

Ingrédients :

2 oeufs battus

1 tasse (250 mL) de fromage cheddar râpé

poivre frais moulu

1/4 de c. à thé (1 mL) de sarriette

1/2 c. à thé (2 mL) de sauce de soja

4 tranches de pain

tranches de tomate épaisses

2 tranches de bacon, coupées en quatre

Préparation :

- Préchauffer le four à micro-ondes à « BROIL », en suivant les instructions du manuel d'utilisation du four.

- Battre les oeufs, les mélanger au fromage. Saupoudrer de poivre.

- Ajouter la sarriette et la sauce de soja. Bien mélanger.

- Couper les tranches de pain en deux, les recouvrir du mélange.

- Mettre une épaisse tranche de tomate sur chaque moitié et recouvrir d'un morceau de bacon.

- Faire griller jusqu'à ce que le bacon soit cuit, environ 10 minutes.

- Servir chauds.

Fumé blanc, Sélection du Capitaine, Hardy's (Australie)

 Orvietto Classico, Antinori

L'agneau

- La saveur délicate de l'agneau est préservée lorsqu'il est cuit avec soin et que la viande est servie rosée.

- Certaines personnes ont toujours été réticentes face à l'agneau. Il faut dire que, pendant de nombreuses années, il manquait de popularité parce que trop souvent il était servi trop cuit et sa chair était filandreuse ; il avait alors perdu toute sa saveur délicate.

- Pour ceux qui insistent pour manger l'agneau bien cuit, je suggère de le faire rôtir à 275°F (140°C) pendant 1 heure ou 1 heure 15 minutes DE PLUS que la durée mentionnée dans la recette.

- Une épaule ou un gigot désossé exige 20 à 30 minutes de cuisson de plus que le rôti avec os.

Gigot d'agneau rôti de ma grand-mère

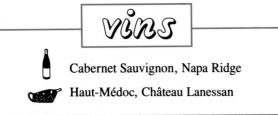

Cabernet Sauvignon, Napa Ridge

Haut-Médoc, Château Lanessan

Préparation à l'avance : . . . . .1 h
Cuisson : le mets : . . . . .1 h 20 min
       la sauce : . . . . .6 min
Attente : .20 min

• Un bon gigot d'agneau se mange saignant. Il peut être apprêté à la française, à la bretonne, à l'auvergnate, à l'anglaise, et de bien d'autres façons. Pour ma part, je préfère toujours la recette de ma grand-mère. La voici.

Ingrédients :

un gigot d'agneau de 4 à 5 lb (2 à 2,5 kg)

1 c. à soupe (15 mL) de sel

1 c. à thé (5 mL) de poivre

1 c. à thé (5 mL) de basilic ou de romarin

1 c. à thé (5 mL) de sucre

1 c. à thé (5 mL) de paprika

1/4 de tasse (60 mL) de beurre fondu

La sauce

1 c. à soupe (15 mL) de farine

1/2 tasse (125 mL) de thé chaud ou de bouillon de votre choix

Préparation :

• Mélanger le sel, le poivre, le basilic ou le romarin, le sucre et le paprika. Frotter le gigot de ce mélange.

• Mettre la viande sur une grille dans le plat de cuisson. Couvrir de papier ciré et laisser reposer une heure à la température de la pièce.

• Préchauffer la partie convexion du four à micro-ondes à 400°F (200°C), arroser l'agneau avec le beurre fondu et le faire rôtir sans couvrir 1 heure et 20 minutes au four préchauffé. Bien l'arroser une fois à mi-cuisson.

• Disposer la viande sur un plat chaud et laisser reposer 20 minutes dans un endroit chaud avant de la dépecer.

Pour faire la sauce

• Ajouter la farine au jus du plat de cuisson, bien mélanger, ajouter le thé chaud ou le bouillon, au choix. Bien mélanger.

• Verser dans un plat pour cuisson aux micro-ondes, s'il y a lieu.

• Cuire aux micro-ondes 6 minutes à « HIGH », remuant après 3 minutes.

• Verser la sauce dans une saucière lorsqu'elle est de la consistance désirée.

Rôti d'agneau victorien

Préparation : . . . . .20 min
Cuisson : le mets : . . . . .52 min
la sauce : . . . . .1 min 30 s
Attente : .aucune

vins

Bordeaux Supérieur, Château Parenchère

Saint-Julien, Amiral de Beychevelle

Petit conseil : À l'époque victorienne, un sherry sec et fort était utilisé dans cette recette. Si vous le préférez, le jus d'orange s'allie parfaitement à la saveur du cari.

Ingrédients :

un gigot d'agneau de 3 à 4 lb (1,5 à 2 kg) désossé et roulé

1 c. à thé (5 mL) de poudre de cari

2 c. à thé (10 mL) de miel

sel et poivre au goût

2 c. à soupe (30 mL) de beurre

1 oignon, en dés

1 petite carotte, en dés

1/4 de tasse (60 mL) de jus d'orange frais ou de sherry

2 c. à soupe (30 mL) de fécule de maïs

1/3 de tasse (80 mL) de crème

Préparation :

• Mélanger la poudre de cari et le miel. Frotter toute la surface du rôti, à l'intérieur et à l'extérieur.

• Rouler le gigot d'agneau et l'attacher avec une ficelle. Saler et poivrer.

• Dans un plat pour cuisson aux micro-ondes assez grand pour contenir le gigot, faire fondre le beurre 1 minute à « HIGH ».

• Ajouter l'oignon et la carotte. Remuer. Cuire aux micro-ondes 2 minutes à « HIGH ».

• Retirer le plat du four.

• Bien remuer les légumes au fond du plat. Y déposer le rôti.

• Préchauffer la partie convexion du four à micro-ondes à 375°F (190°C). Y placer le rôti et le faire cuire 40 minutes.

• Verser le jus d'orange ou le sherry sur le rôti et poursuivre la cuisson 10 minutes. Retirer la viande et la déposer sur un plat chaud.

La sauce

• Délayer la fécule de maïs avec la crème. Ajouter aux jus de cuisson. Bien remuer.

• Cuire aux micro-ondes 1 minute à « HIGH », remuer et cuire 30 secondes de plus. Bien remuer.

• Servir en saucière.

Gigot papillon aux fines herbes

Préparation à l'avance : . . . . **50 min**
Cuisson : le mets : . . . . **de 1 h à 1 h 15 min**
        le beurre : . . . . **1 min**
Attente : . . . . **10 min**

Ingrédients :

un gigot de 4 à 5 lb (2 à 2,5 kg), désossé

ail au goût, haché fin

1 c. à thé (5 mL) de sel

1/2 c. à thé (2 mL) de sucre

1/4 de tasse (60 mL) d'huile végétale

> **Petit conseil :** Ce gigot tient son nom de sa forme. Demander au boucher de désosser le gigot mais sans le rouler.

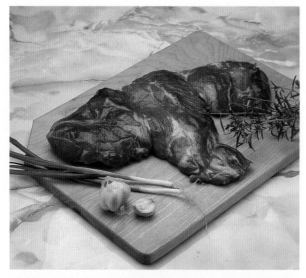

Beurre aux fines herbes

1/4 de tasse (60 mL) de beurre ou de margarine

2 petits oignons verts, hachés fin

1/2 c. à thé (2 mL) de romarin

1 c. à thé (5 mL) de sel

Préparation :

• Préparer le gigot. Lorsque la pièce de viande est mise à plat sur la planche, elle prend la forme d'un papillon.

• Si vous avez deux bâtonnets ou deux petites broches, les insérer dans la viande en forme de X ou de croix, afin que le rôti demeure bien à plat.

• Placer le gigot dans une casserole peu profonde. Faire des incisions dans la viande, y insérer l'ail.

• Mélanger le sel, le sucre et l'huile végétale. Frotter le dessus du rôti de ce mélange et laisser reposer 30 minutes.

Préparation du beurre aux fines herbes

• Mélanger dans un bol pour cuisson aux micro-ondes le beurre ou la margarine, les oignons verts hachés, le romarin et le sel.

• Passer aux micro-ondes 1 minute à « HIGH ». Mettre de côté.

Cuisson du gigot

• Préchauffer la partie convexion du four à micro-ondes à 400°F (200°C).

• Badigeonner la viande de la moitié du beurre aux fines herbes.

• Mettre le rôti au four et le faire cuire 15 minutes par livre (500 g). Badigeonner deux fois durant la cuisson avec le beurre aux fines herbes.

• La cuisson achevée, laisser le rôti reposer 10 minutes au four avant de le dépecer.

Rosso di Montalcino, Tenuta de Carpazo

Mormoreto, Frescobaldi

Gigot d'agneau avec pommes de terre

Préparation :	. . . . **15 min**
Cuisson :	. . . . **de 2 à 3 h**
Attente :	. . . .**aucune**

Petit conseil : Si vous visitez un jour l'Auvergne, n'hésitez pas à faire l'essai de cette spécialité culinaire, toujours présentée cuite à la perfection dans un plat creux en terre cuite. Une lèchefrite en métal peut être utilisée, ou tout autre plat de cuisson, on y perd alors le petit côté auvergnat.

vins

Chianti Classico Riserva, Villa Antinori

Don Miguel Torres

Ingrédients :

8 à 12 pommes de terre moyennes

3 c. à soupe (50 mL) de gras de bacon, en dés

3 c. à soupe (50 mL) de beurre, en dés

2 ou 3 gousses d'ail, pelées et hachées fin

2 c. à thé (10 mL) de sel

1 c. à thé (5 mL) de poivre

1 tasse (250 mL) d'eau chaude

un gigot d'agneau non désossé de 4 à 6 lb (2 à 3 kg)

1 c. à thé (5 mL) de paprika

1 c. à soupe (15 mL) de beurre

1/2 c. à thé (2 mL) de thym

Préparation :

- Préchauffer la partie convexion du four à micro-ondes à 375°F (190°C).

- Peler les pommes de terre et les trancher mince.

- Disposer en rangs superposés, dans le fond d'un plat de cuisson.

- Parsemer de petits dés de gras de bacon et de beurre, saupoudrer l'ail, le sel et le poivre. Verser l'eau chaude sur le tout.

- Disposer le gigot au milieu des pommes de terre.

- Mélanger paprika, beurre et thym et en badigeonner le dessus du gigot. Ne pas couvrir.

- Faire rôtir l'agneau 30 minutes par livre (500 g) de gigot.

- Remuer les pommes de terre à mi-cuisson, elles seront bien cuites et l'agneau bien rôti.

Carré d'agneau à l'orientale

Préparation :	. . . . **5 min**
Cuisson :	. . . . **de 50 à 55 min**
Attente :	. . . . **aucune**

 Vins

Médoc, Cuvée de la Commanderie du Bontemps

Haut-Médoc, Château Pabeau

Petit conseil : La manière parfaite et facile de rôtir un carré d'agneau. Le carré est la partie des côtes sans filet, coupée d'une seule pièce.

Ingrédients :

un carré d'agneau de 2 à 3 lb (1 à 1,5 kg)

1/2 tasse (125 mL) de sauce de soja

1/4 tasse (60 mL) de marmelade d'orange

1 c. à soupe (15 mL) de gingembre frais*, râpé

le jus d'un demi-citron

Préparation :

• Mettre le carré d'agneau tel quel, sans rien ajouter, dans une petite rôtissoire.

• Préchauffer la partie convexion du four à micro-ondes à 400°F (200°C), y placer le carré d'agneau et le faire cuire 30 minutes.

• Mélanger le reste des ingrédients et verser sur le carré d'agneau.

• Réduire la température du four à 300°F (150°C) et rôtir la viande de 20 à 25 minutes, l'arrosant une fois avec les jus de cuisson.

Pour faire la sauce

• Transvider les jus de cuisson dans un plat pour cuisson aux micro-ondes, s'il y a lieu.

• Y ajouter **1/2 tasse (125 mL) d'eau froide ou de vin rouge**, remuer et faire chauffer de 4 à 6 minutes à « HIGH ». Verser dans une saucière.

La racine de gingembre frais est disponible même dans les marchés d'alimentation à succursales multiples. Elle se conserve au congélateur jusqu'à un an dans un petit sac de plastique bien fermé. Pour l'usage, râper la racine de gingembre sur une râpe fine, sans la décongeler.

Épaule d'agneau grillée, glacée

Préparation : . . . .**5 min**

Cuisson : . . . .**de 1 à 2 h**

Attente : . . . .**aucune**

• C'est un rôti des plus savoureux. Il est désossé et roulé, donc très facile à dépecer.

Ingrédients :

une épaule d'agneau désossée et roulée de 2 à 4 livres (1 à 2 kg)

sel et poivre au goût

1 gousse d'ail, coupée en deux

1/2 c. à thé (2 mL) de romarin ou de thym

1/2 tasse (125 mL) de gelée de cassis ou de pommes

2 c. à thé (10 mL) de moutarde forte préparée

• Faire deux incisions dans la viande, insérer dans chacune un morceau d'ail, la moitié du romarin et du thym.

• Disposer la viande sur la clayette et faire griller, en allouant 30 minutes par livre (500 g). Retourner la viande toutes les 30 minutes.

• Mettre la gelée de cassis ou de pommes et la moutarde dans un bol pour cuisson aux micro-ondes et faire fondre 1 minute à « HIGH » ou faire fondre sur la cuisinière.

• Durant les 30 dernières minutes de cuisson, badigeonner la viande plusieurs fois avec le mélange.

• Servir très chaude.

Préparation :

• Préchauffer le four à « BROIL », en suivant les instructions du manuel d'utilisation du four.

• Frotter la viande de sel et de poivre.

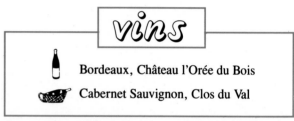

vins

Bordeaux, Château l'Orée du Bois

Cabernet Sauvignon, Clos du Val

Épaule d'agneau marinée cuite au gril

Préparation à l'avance : . . . . . . de 4 à 12 h

Cuisson : . . . . de 30 à 40 min

Attente : . . . . aucune

• Dans les années vingt, l'épaule d'agneau n'était jamais bouillie ; elle était désossée et cuite au gril ou au barbecue sans être roulée. Elle est si bonne grillée que lorsque vous en aurez fait l'essai, aucune autre recette ne saura vous intéresser.

Ingrédients :

une épaule d'agneau désossée de 3 à 5 lb (1,5 à 2,5 kg)

1/2 c. à thé (2 mL) de sel et de poivre

3 c. à soupe (50 mL) d'huile végétale

1/2 c. à thé (2 mL) de romarin

1 grosse gousse d'ail, écrasée

1 oignon, tranché

le jus d'un demi-citron

vins

Crozes-Hermitage, Delas

Saint-Joseph, Louis Roche

Préparation :

• Déposer l'épaule désossée sur une grande feuille de papier ciré.

• La frotter des deux côtés de sel et de poivre et avec assez d'huile pour la recouvrir des deux côtés.

• Mettre la viande dans une assiette. La saupoudrer de romarin et d'ail d'un côté. Verser le reste de l'huile et le jus de citron sur le dessus.

• Ajouter l'oignon.

• Laisser reposer de 4 à 12 heures dans ce mélange.

• Préchauffer le four à « BROIL », en suivant les instructions du manuel d'utilisation du four.

• Retirer la viande de la marinade et la placer sur la clayette du four.

• La faire griller 15 minutes, ou jusqu'à ce qu'elle soit dorée.

• Retourner la viande et faire griller le deuxième côté. Trente minutes suffisent généralement pour griller une épaule d'agneau à la perfection.

• Pour une viande plus cuite, ajouter 5 minutes de cuisson de chaque côté.

Pâté à l'agneau ou au porc avec garniture

> **Petit conseil :** Cette recette vous indique comment saisir la viande, sans fumée ni odeur de cuisson, dans la partie convexion de votre four à micro-ondes. Ce pâté ne se réchauffe pas bien le lendemain, mais s'il est cuit le matin et conservé à la température de la pièce, il peut être réchauffé à l'heure du dîner, par convexion à 350°F (180°C). Il conserve alors toute sa saveur.

Préparation :	**45 min**
Cuisson : le pâté :	**de 2 h à 2 h 30 min**
la pâte :	**de 35 à 45 min**
Attente :	**aucune**

Ingrédients :

2 c. à soupe (30 mL) d'huile végétale ou de gras de bacon

1½ lb (750 g) d'épaule d'agneau ou de porc, en cubes de 1 po (2,5 cm)

4 carottes moyennes pelées, en tranches de 1/4 de po (6 mm) d'épaisseur

2 poireaux ou oignons moyens, tranchés mince

2 c. à soupe (30 mL) de farine

2 tasses (500 mL) de consommé

4 pommes de terre moyennes pelées, en dés

1 feuille de laurier

1 c. à thé (5 mL) de basilic

1½ c. à thé (7 mL) de sel

1/4 de c. à thé (1 mL) de poivre

Préparation :

• Préchauffer la partie convexion du four à micro-ondes à 400°F (200°C).

• Mettre l'huile ou le gras de bacon dans une rôtissoire et faire chauffer au four 5 minutes.

• Ajouter la viande et bien remuer dans le gras chaud.

• Ajouter les carottes et les poireaux ou les oignons, remuer et cuire 5 minutes. Bien remuer.

• Ajouter la farine. Remuer pour en enrober la viande et les légumes.

• Ajouter le consommé. Bien remuer.

• Ajouter le reste des ingrédients.

• Abaisser la température du four à 325°F (160°C). Cou-vrir la rôtissoire et faire cuire de 2 à 2½ heures ou jusqu'à ce que la viande soit tendre. Recouvrir de la garniture de pâte préparée ainsi :

La pâte

Ingrédients :

1 tasse (250 mL) de farine

1/2 c. à thé (2 mL) de soda

1/2 c. à thé (2 mL) de sel

3 c. à soupe (50 mL) de beurre froid

1 jaune d'oeuf

1/3 de tasse (80 mL) de yaourt ou de babeurre

Préparation :

• Tamiser la farine, le soda et le sel dans un bol. Y couper le beurre pour obtenir un mélange granuleux.

• Battre le jaune d'oeuf et le yaourt ou le babeurre. Ajouter au mélange de la farine et remuer avec une fourchette jusqu'à ce que la pâte se détache des parois du bol.

• La déposer sur une planche légèrement enfarinée et la pétrir délicatement et peu.

• Abaisser la pâte à une épaisseur de 1/2 po (1,25 cm), pour qu'elle recouvre tout le pâté et qu'elle s'ajuste bien à l'intérieur de la rôtissoire.

• Placer la pâte sur la viande et la faire adhérer en pressant tout le tour. La badigeonner légèrement avec du lait.

• Préchauffer la partie convexion du four à micro-ondes à 325°F (160°C).

• Faire cuire au four 35 à 45 minutes, ou jusqu'à ce que le dessus soit bien doré.

Merlot, Collavini

Chianti Classico, Santa-Christina, Antinori

Côtelettes ou steaks d'agneau à la turque

Cuisson au gril

Préparation :	....	5 min
Cuisson :	....	25 min
Attente :	....	3 min

Petit conseil : En Turquie, une moutarde qui ressemble à la moutarde française ou allemande et le miel foncé (de sarrasin) sont utilisés dans les glaces. Les steaks ou côtelettes sont servis sur un lit de tranches de concombre très minces enrobées de menthe fraîche hachée. Un délice !

Ingrédients :

2 steaks *ou* 6 côtelettes d'agneau, d'environ 1 po (2,5 cm) d'épaisseur

1 c. à thé (5 mL) de moutarde préparée

1 c. à thé (5 mL) de miel

une pincée de thym

Préparation :

• Préchauffer le four à micro-ondes à « BROIL », en suivant les instructions du manuel d'utilisation du four.

• Couper 4 ou 5 petits morceaux de gras des steaks ou des côtelettes.

• Saupoudrer la viande de paprika d'un seul côté.

• Mettre les morceaux de gras sur la clayette du grilleur.

• Placer la viande sur le gras, sur le côté saupoudré de paprika.

• Faire griller 15 minutes.

• Mélanger la moutarde, le miel et le thym.

• Retourner la viande et la badigeonner du mélange de moutarde.

• Faire griller 10 minutes.

• Laisser reposer 3 minutes et servir.

Merlot, Sophia (Bulgarie)

Côtes-du-Rhône Villages, Rasteau

Côtelettes d'agneau à la menthe

Cuisson au gril

Préparation à l'avance :	**de 12 à 24 h**
Cuisson :	**de 22 à 26 min**
Attente :	**aucune**

• Si vous aimez la menthe avec les côtelettes d'agneau, les faire mariner jusqu'au lendemain dans la marinade miel-menthe décrite ci-après.

Ingrédients :

1/2 tasse (125 mL) d'eau

1 c. à soupe (15 mL) de vinaigre de cidre ou de jus de citron

1 tasse (250 mL) de miel

1/2 tasse (125 mL) de menthe fraîche, émincée

6 côtelettes de longe ou de côtes de 1 po (2,5 cm) d'épaisseur

Préparation :

• Mettre l'eau et le vinaigre dans un bol pour cuisson aux micro-ondes et amener à ébullition 1 minute 30 secondes à « HIGH ».

• Ajouter le miel, passer 1 minute à « HIGH », remuer pour dissoudre. Ajouter la menthe au mélange en remuant.

• Verser la marinade sur les côtelettes, les couvrir et les réfrigérer jusqu'au lendemain, les retournant une fois.

• Préchauffer le four à « BROIL », en suivant les instructions du manuel d'utilisation du four.

• Retirer les côtelettes de la marinade. Les disposer sur la clayette du four et faire griller 11 à 13 minutes de chaque côté, les retournant une fois.

• Les badigeonner de marinade sur le dessus durant la cuisson.

Cabernet Sauvignon, Coonawara, Hunderford Hill

Merlot, Clos du Bois

Navarin d'agneau

Préparation : . . . . **25 min**

Cuisson : . . . . **de 1 h 33 à 1 h 43 min**

Attente : . . . . **aucune**

Petit conseil : Une vieille recette française toujours à l'honneur. J'aime préparer le navarin à l'avance, le refroidir et le réfrigérer de un à trois jours. Le navarin se réchauffe très bien, mais si on veut l'utiliser réchauffé, omettre les pommes de terre.

 Côtes-du-Rhône, Carte Noire, Cellier des Dauphins

 Fronsac, Château la Rivière

Ingrédients :

une épaule d'agneau de 2 à 4 lb (1 à 2 kg) coupée en cubes de 1 po (2.5 cm)

1 c. à thé (5 mL) de sel

1/2 c. à thé (2 mL) de poivre

1/4 de c. à thé (1 mL) de muscade

4 c. à soupe (60 mL) de beurre ou de gras

2 gros oignons, émincés

3 c. à soupe (50 mL) de farine tout usage

2 tasses (500 mL) d'eau

1/2 tasse (125 mL) de carottes, tranchées

1/2 à 1 tasse (125 à 250 mL) de pommes de terre, en dés

Préparation :

• Rouler l'agneau dans le mélange de sel, poivre et muscade.

• Fondre le beurre ou le gras dans un bol pour cuisson aux micro-ondes 3 minutes à « HIGH ».

• Ajouter l'agneau et les oignons émincés, remuer et cuire 2 minutes à « HIGH ».

• Ajouter la farine et l'eau, bien mélanger le tout, cuire 1 minute à « HIGH ».

• Mettre le tout dans un plat de cuisson et couvrir.

• Préchauffer la partie convexion du four à micro-ondes à 375°F (190°C), y placer l'agneau et le faire cuire 1 heure.

• Ajouter les carottes et les pommes de terre et faire cuire de 30 à 40 minutes.

• Servir.

Petit conseil : La façon classique de servir le navarin est de l'accompagner de triangles de pain grillé.

Bouilli d'agneau à l'écossaise

Préparation : . . . . **15 min**

Cuisson : . . . . **de 1 h à 1 h 30 min**

Attente : . . . . **aucune**

Petit conseil : Un bouilli à la mode écossaise, tendre et très savoureux. J'aime le faire cuire dans mon pot à fèves au lard, mais tout autre plat de cuisson convient très bien.

Ingrédients :

3 c. à soupe (50 mL) de beurre

2 oignons, coupés en quartiers

2 à 3 lb (1 à 1,5 kg) d'agneau à bouillir tel que cou, jarret, etc.

4 tomates pelées et tranchées *ou*

1 boîte de 7½ oz (213 mL) de sauce aux tomates

une branche de céleri

sel et poivre au goût

1½ c. à soupe (22 mL) de farine

1¼ tasse (310 mL) de consommé, au choix

le jus d'un demi-citron

2 c. à soupe (30 mL) de gelée de pommes

1 c. à soupe (15 mL) de persil, haché

1/3 de tasse (80 mL) de porto

Préparation :

• Préchauffer la partie convexion du four à micro-ondes à 350°F (180°C).

• Faire fondre 1 c. à soupe (15 mL) du beurre dans le four chaud. Ajouter les oignons, bien remuer.

• Ajouter les morceaux d'agneau et mélanger aux oignons.

• Ajouter les tomates ou la sauce aux tomates et le céleri. Saler et poivrer au goût.

• Ajouter la farine, bien mélanger et ajouter le consommé. Bien remuer, ajouter le jus de citron.

• Couvrir et cuire au four préchauffé de 1 à 1½ heure ou jusqu'à ce que la viande soit tendre.

• À la fin de la cuisson, ajouter la gelée de pommes, le persil et le porto. Bien mélanger le tout, faire chauffer 5 minutes.

• Servir accompagné de riz persillé et de petits pois.

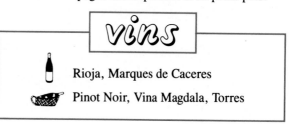

vins

Rioja, Marques de Caceres

Pinot Noir, Vina Magdala, Torres

Pain de viande nouvelle cuisine

Préparation :	**20 min**
Cuisson :	**1 h 15 min**
Attente :	**aucune**

- Dans la nouvelle cuisine, toutes sortes de fruits entrent dans la cuisson des viandes. En faisant ce pain de viande, j'ai pris mon inspiration d'un roulé d'agneau farci aux fruits du chef français Troisgros. C'est un plat économique puisqu'il ne requiert que 2 livres (1 kg) d'épaule d'agneau haché.

Ingrédients :

2 lb (1 kg) d'épaule d'agneau frais, haché

1 tasse (250 mL) de pommes, pelées et râpées

1 tasse (250 mL) de poires, pelées et râpées

1 oignon moyen, haché fin

1 tasse (250 mL) de chapelure fine

3 oeufs légèrement battus

2 c. à thé (10 mL) de sel

1/4 de c. à thé (1 mL) de poivre

1/2 c. à thé (2 mL) de quatre-épices

1/4 de c. à thé (1 mL) de muscade

1/2 c. à thé (2 mL) de basilic ou de thym

Préparation :

- Préchauffer la partie convexion du four à micro-ondes à 350°F (180°C).

- Placer tous les ingrédients dans un bol et bien mélanger.

- Tasser dans un moule à pain de 9 × 5 × 3 po (23 × 13 × 8 cm). Faire cuire le pain de viande 1 heure et 15 minutes.

- Servir chaud ou froid. Ne démouler qu'au moment de servir.

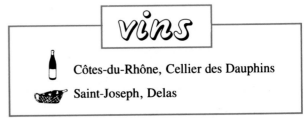

vins

Côtes-du-Rhône, Cellier des Dauphins

Saint-Joseph, Delas

Moutarde finlandaise

Cuisson aux micro-ondes

Préparation à l'avance : . . . . **24 h**

Cuisson : . . . . **de 1 à 2 min**

Attente : . . . . **aucune**

• Voici une autre excellente recette finlandaise de mon amie Marta. En Scandinavie, la moutarde finlandaise est renommée.

Ingrédients :

4 c. à soupe (60 mL) de moutarde sèche

2 à 3 c. à soupe (30 à 50 mL) de sucre

1/2 c. à thé (2 mL) de sel

4 c. à soupe (60 mL) d'eau chaude (du robinet)

1 c. à soupe (15 mL) de vinaigre de cidre ou de vin

Préparation :

• Mettre dans une tasse à mesurer pour cuisson aux micro-ondes la moutarde, le sucre et le sel. Remuer et ajouter l'eau chaude et le vinaigre. Bien mélanger.

• Cuire aux micro-ondes 1 minute à « MEDIUM-HIGH », sans couvrir. Remuer avec un fouet.

• Passer aux micro-ondes 1 minute de plus, s'il y a lieu. Bien battre.

• Verser dans un bocal, couvrir et réfrigérer jusqu'au lendemain.

• Conserver au réfrigérateur.

Sauce au miel au cari

Cuisson aux micro-ondes

Préparation : . . . .**1 min**
Cuisson : . . . .**30 s**
Attente : . . . .**aucune**

Petit conseil : C'est une sauce qu'il est bon d'avoir sous la main, au réfrigérateur. Elle peut servir de sauce trempette avec le poulet ou l'agneau froid. Elle se conserve quatre à six semaines.

Ingrédients :

1/4 de tasse (60 mL) de miel

1/4 de tasse (60 mL) de moutarde préparée

1 c. à thé (5 mL) de poudre de cari

Préparation :

• Mettre le miel dans un plat pour cuisson aux micro-ondes et le faire chauffer 30 secondes à « HIGH ».

• Ajouter la moutarde et la poudre de cari, bien mélanger.

64

Les poissons

Notes
sur le poisson

• Si l'on en croit le dicton, il faut manger beaucoup de poisson pour vivre vieux. Les médecins et les nutritionnistes sont d'accord et recommandent de manger du poisson aussi souvent que possible.

• Le poisson est de basse teneur en gras (cholesterol).

• Le poisson est la protéine qui se digère le mieux.

• Le poisson diffère de la viande…il est toujours tendre.

• Le poisson s'adapte à tous les modes de cuisson. Il peut être grillé, sauté, poché, cuit au four ou même à la vapeur. Certains le dégustent maintenant mariné ou cru.

• Un point important à retenir c'est que la cuisson du poisson a pour but d'en développer la saveur, alors que celle de la viande vise à l'attendrir. La différence est importante, et c'est la raison pour laquelle la cuisson prolongée du poisson doit être évitée.

Quelle quantité de poisson faut-il acheter pour chaque portion requise?

• Je recommande 1/2 livre (250 g), d'autres suggèrent 1/3 de livre (170 g) par portion.

• À mon avis, tout dépend de ce que vous achetez. Dans le cas des filets de poisson, le tout est comestible. Lorsqu'il s'agit de poisson entier, il faut tenir compte de la tête, de la queue, des arêtes, de la peau ; il faut alors compter 1/2 livre (250 g) pour chaque portion.

• Si vous manquez d'expérience dans la cuisson du poisson entier pour en tirer le meilleur parti, les filets sont sans contredit le meilleur achat.

• Au réfrigérateur et bien couvert, le poisson conserve sa fraîcheur de deux à trois jours tout au plus. Après ce temps, malgré l'apparence de fraîcheur, le poisson perd de sa saveur.

• Si le poisson n'est pas frais, il dégagera une odeur d'ammoniaque, surtout aux branchies. En outre, chez les salmonidés, ces dernières seront plus pâles. Cette odeur d'ammoniaque se retrouvera aussi dans les fruits de mer qui ne sont pas frais.

• Les yeux du poisson constituent aussi un excellent indice de fraîcheur : s'ils sont pleins et brillants, il est très frais. Au contraire, si les yeux sont laiteux, le poisson n'est pas frais.

• De nos jours, les marchés offrent un grand choix de poisson surgelé. Il faut éviter à tout prix de laisser décongeler le poisson, même légèrement, pour ensuite le faire congeler de nouveau, car sa saveur délicate en souffrira.

• Pour la décongélation du poisson surgelé, le mettre dans une assiette sans ouvrir l'emballage et le laisser reposer de 1½ à 2 heures. Il pourrait alors ne pas être entièrement dégelé, mais les filets seront faciles à séparer.

• Pour une cuisson parfaite, le poisson doit être cuit dès qu'il est dégelé. Le poisson décongelé et laissé en attente s'assèche à la cuisson.

Chapelure d'enrobage

• Frotter le poisson des deux côtés avec un oeuf battu et le saupoudrer copieusement de chapelure fine.

• La chapelure doit être aromatisée soit avec des herbes, des épices ou du sel et du poivre.

• C'est le poisson dont la peau est comestible que l'on enrobe ainsi pour la cuisson, soit la truite, le petit aiglefin, etc.

• IL NE FAUT PAS enrober ainsi le saumon, ce qui durcit la peau.

• On tend aujourd'hui à éviter d'apprêter les poissons en les enfarinant ou en les enrobant de chapelure.

Enrobage de farine

• Saupoudrer délicatement de farine le dessus et les côtés du poisson.

• Le parsemer copieusement de dés de beurre mou.

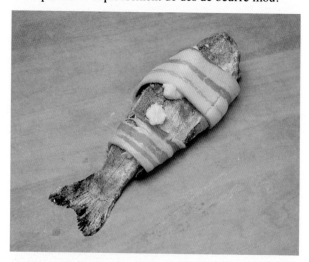

• Ou le recouvrir de tranches de bacon. Le poisson est alors prêt pour la cuisson par convexion.

• Cette préparation peut être faite d'avance, mais le poisson doit être placé au réfrigérateur et non pas laissé en attente sur le comptoir de la cuisine.

• Pour la cuisson par convexion de tout poisson, farci ou non, il est essentiel que la partie convexion du four à micro-ondes soit préchauffée.

• La température doit demeurer constante à 400°F (200°C), quel que soit le poisson.

• Si le poisson est placé directement du réfrigérateur dans un four froid ou dont la température est inférieure à 400°F (200°C), il se formera de la vapeur à mesure que la température du four et celle du poisson s'élèvent lentement.

L'arrosage du poisson durant la cuisson

• Le poisson est plus savoureux et moins sec s'il est arrosé une fois durant la cuisson.

• Des liquides variés chauds ou froids peuvent servir, tels que :

- **Eau, vin blanc** et **beurre fondu**, en quantités égales, passés ensemble aux micro-ondes 1 minute à « HIGH »

- **1 c. à soupe (15 mL) d'eau** et **autant de jus de citron, de pamplemousse ou d'ananas.**

- **Eau froide** et **vin blanc**, en quantités égales

- **Jus de pomme** ou **de tomate** 30 secondes à « HIGH »

- **Vin blanc sec**

- **Crème sure** ou **crème riche**

- **Vinaigrette**

• Chacun de ces liquides donne une saveur distincte au poisson et en change la texture…le résultat est néanmoins toujours excellent.

Durée de cuisson par convexion

• Les grands chefs calculent la durée de cuisson d'après l'épaisseur et le poids du poisson ; c'est la façon la meilleure et la plus facile. Elle est sûre.

• Une règle pratique consiste à calculer de 6 à 10 minutes de cuisson par pouce (2,5 cm) d'épaisseur du poisson, mesurée dans la partie la plus épaisse.

• Ne pas retourner le poisson durant la cuisson au four. Sa texture délicate le rend fragile et il se défait facilement.

Fumet de poisson

• Pour obtenir un fumet de poisson délicieux, il faut utiliser des poissons à chair blanche comme la plie, la morue, la rascasse, l'aiglefin ou à chair bleue comme le maquereau ou le bluefish. À ÉVITER : le saumon, car le fumet ne serait pas clair et n'aurait pas une belle texture.

La cuisson du poisson au gril

- Le filet

- Quand vous aurez fait griller le poisson une fois, vous adopterez cette méthode de cuisson. Au four conventionnel, c'est parfois un peu compliqué, mais si facile au grilleur du four à micro-ondes.

- Vous pouvez faire griller les darnes, les filets de poisson, les petits poissons entiers, tels que les perchaudes, ou les poissons plus gros, jusqu'à un poids de 3 livres (1,5 kg). Le poisson y cuit rapidement d'un beau doré, il retient toute sa saveur, et il n'y a pas d'odeur.

- Lorsque le poisson surgelé est utilisé, le décongeler et ensuite l'envelopper dans un papier absorbant et le laisser reposer de 20 à 30 minutes. Il sera alors asséché et il grillera parfaitement.

- Je procède ainsi pour le poisson frais, le laissant enveloppé seulement 15 minutes.

- Rouler chaque filet légèrement dans la chapelure *fine*, les miettes de biscuits soda ou même la farine de maïs.

- Une fois dans le four, le napper légèrement avec une des sauces suivantes (chacune confère une saveur et une texture différentes au poisson). À vous de choisir :

1. **1/2 tasse (125 mL) d'eau et autant de beurre fondu** *ou*

2. **1/4 de tasse (60 mL) d'eau chaude et 1/2 tasse (125 mL) de vin blanc** *ou*

3. **1/4 de tasse (60 mL) d'eau chaude et le jus d'un demi-citron** *ou*

4. **Une petite couche de crème sure ou de crème épaisse.**

- La darne

Préparation :

- Préchauffer le four à « BROIL », en suivant les instructions du manuel d'utilisation du four.

- Faire griller les filets de 1/4 à 3/4 de po (6 mm à 2 cm) d'épaisseur de 6 à 10 minutes ;

- Les tranches ou darnes de 1/4 à 3/4 de po (6 mm à 2 cm) d'épaisseur, de 9 à 12 minutes.

- C'est l'épaisseur du poisson qui détermine la durée de cuisson.

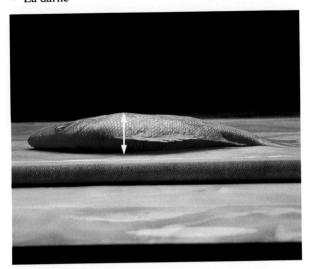

- Le poisson entier

Filets de poisson Cornell

Préparation : . . . . **5 min**

Cuisson : . . . . **de 6 à 10 min**

Attente : . . . . **aucune**

• Cette méthode facile, mise au point par l'université Cornell, est une façon excellente d'apprêter tout filet ou darne de poisson.

Préparation :

• Préchauffer la partie convexion du four à micro-ondes à 450°F (230°C).

• Badigeonner le poisson **de beurre, d'huile ou de gras de bacon ramolli**, l'enrober ensuite de **chapelure très fine.**

• Mettre le poisson dans un plat à cuisson peu profond, comme un plat de verre ou de céramique.

• Mettre le plat dans le four préchauffé, faire cuire de 6 à 10 minutes, selon l'épaisseur des filets.

Note : *La même méthode peut être utilisée pour la cuisson au gril.*

vins

Pinot Blanc, Trimbach

Macon-Viré, Cave de Viré

Filets croustillants semi-pochés

Préparation à l'avance : . . . . **40 min**

Cuisson : . . . . **10 min**

Attente : . . . . **aucune**

• Cette méthode a également été mise au point par l'université Cornell. Elle donne un filet croûté sur le dessus et poché au lait dessous.

Ingrédients :

1 lb (500 g) de filets de poisson, frais ou surgelé

1 c. à thé (5 mL) de sel

1/2 tasse (125 mL) de lait

1 tasse (250 mL) de chapelure

1 c. à thé (5 mL) de paprika

1/2 c. à thé (2 mL) de thym

2 c. à soupe (30 mL) de gras de bacon ou de beurre

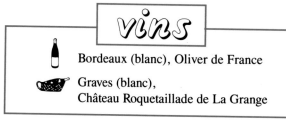

vins

Bordeaux (blanc), Oliver de France

Graves (blanc),
Château Roquetaillade de La Grange

Préparation :

• Décongeler le poisson avant la préparation, s'il y a lieu.

• Mettre dans un plat le lait et le sel. Y rouler les filets de poisson.

• Laisser tremper 30 minutes. Retourner le poisson 2 à 3 fois durant le trempage.

• Couper les filets en portions individuelles.

• Mélanger dans une assiette la chapelure, le paprika et le thym, puis en enrober chaque morceau de poisson.

• Mettre le gras de bacon ou le beurre dans un plat pour cuisson aux micro-ondes et le faire fondre 1 minute à « HIGH ». Retirer le plat du four.

• Disposer les filets préparés les uns à côté des autres dans le gras chaud.

• Verser le lait dans le fond du plat autour du poisson.

• Préchauffer la partie convexion du four à micro-ondes à 400°F (200°C).

• Faire cuire les filets 10 minutes. Le dessus sera doré et le dessous, poché.

71

Truite au four

Préparation à l'avance :	**10 min**
Cuisson :	**de 10 à 20 min**
Attente :	**aucune**

Petit conseil : Le sherry ou le cognac versé sur la truite 5 minutes avant la fin de la cuisson donne une saveur très fine au poisson.

Ingrédients :

1 truite de 2 à 4 lb (1 à 2 kg)

3 tranches de citron

sel, poivre, sauce piquante ou chutney au goût

3 tranches de bacon

2 tasses (500 mL) de laitue, déchiquetée

4 tranches de citron

1 c. à soupe (15 mL) de sherry ou de cognac

Préparation :

• Préchauffer la partie convexion du four à micro-ondes à 425°F (225°C).

• Laver et assécher la truite.

• Mettre les 3 tranches de citron dans la cavité.

• Mélanger le sel, le poivre, la sauce piquante ou le chutney au goût et en frotter le dessus du poisson.

• Recouvrir la truite des tranches de bacon.

• Placer la laitue déchiquetée et les 4 tranches de citron dans un plat de cuisson.

• Disposer la truite sur ce lit de verdure.

• Faire cuire la truite 5 minutes par livre.

vins

 Entre-Deux-Mers, Château Bonnet

 Graves (blanc), Château Couhins-Lurton

Truite marinée

Préparation : . . . . **20 min**
Cuisson : . . . . **de 8 à 9 min**
Attente : . . . . **aucune**

Petit conseil : Si vous êtes amateur de petite truite, n'hésitez pas à apprêter cette gourmandise. Je vous recommande de la servir en chaud-froid ou à l'andalouse.

Ingrédients :

6 à 8 petites truites

1/2 tasse (125 mL) de vinaigre de cidre ou de vin blanc

2 tasses (500 mL) de vin blanc

1 oignon, tranché mince

1 carotte, tranchée mince

1 c. à thé (5 mL) de sel

2 clous de girofle, entiers

1/4 de c. à thé (1 mL) de thym

6 grains de poivre

1/2 c. à thé (2 mL) de sel de céleri

Préparation :

• Préchauffer la partie convexion du four à micro-ondes à 400°F (200°C).

• Mettre tous les ingrédients, à l'exception des truites, dans un plat de cuisson.

• Placer le mélange liquide au four et faire cuire 10 minutes.

• Nettoyer les truites, les déposer dans le liquide bouillant et les faire cuire au four préchauffé de 8 à 9 minutes.

• Les retirer du four, les laisser refroidir et les mettre au réfrigérateur.

• Les servir très froides dans leur jus ou en suivant les suggestions mentionnées plus haut.

• Ces petites truites se conservent au réfrigérateur, couvertes, de 15 à 20 jours.

vins

Pouilly-sur-Loire, Tinel-Blondelet

Pouilly-Fumé, Guy Saget

Darnes de flétan pochées au gril

Préparation à l'avance :	. . . . .1 ou 2 h
Cuisson :	. . . . .15 min
Attente :	. . . . .aucune

vins

Côtes de Duras, Château Verdier

Muscadet du Val de Loire,
Domaine du Fief Guérin

Petit conseil : Un régal ! À défaut de darnes de flétan frais, je choisis des filets épais d'aiglefin.

Ingrédients :

4 darnes de flétan ou filets d'aiglefin, frais

3 c. à soupe (50 mL) de beurre, fondu

sel et poivre au goût

1 c. à soupe (15 mL) de jus de citron, frais

La marinade

1/2 tasse (125 mL) de vin blanc sec ou de sherry sec

3 c. à soupe (50 mL) d'huile végétale

1 c. à thé (5 mL) de paprika

1/2 c. à thé (2 mL) de sel

1 c. à thé (5 mL) de sucre

poivre au goût

1 c. à soupe (15 mL) de ciboulette, sarriette ou persil, frais émincé

Préparation :

• Mélanger les ingrédients de la marinade et verser sur le poisson.

• Rouler les darnes de flétan ou les filets d'aiglefin dans la marinade.

• Couvrir et laisser mariner une heure ou deux.

• Préchauffer le four à « BROIL », suivant les instructions du manuel d'utilisation du four.

• Couper des feuilles d'aluminium pour envelopper chaque morceau de poisson.

• Frotter le côté luisant de chaque feuille avec le beurre fondu.

• Déposer un morceau de poisson sur chacune des feuilles, saler et poivrer au goût.

• Ajouter ensuite le jus de citron au reste du beurre fondu et en badigeonner chaque morceau de poisson.

• Replier le papier sur le poisson et le bien fermer.

• Disposer les paquets sur la clayette du four et faire griller environ 15 minutes.

• Ouvrir un paquet pour vérifier la cuisson. Lorsqu'elle est à point, servir accompagné de chutney.

Sole à l'italienne

Préparation : . . . . **10 min**

Cuisson : . . . .**de 19 à 25 min**

Attente : . . . .**aucune**

Petit conseil : Servir ces filets de poisson roulés cuits dans une sauce aux tomates avec des nouilles persillées.

Ingrédients :

1 lb (500 g) de filets de sole frais

sel et poivre au goût

quelques petits gherkins ou cornichons à l'aneth

2 c. à soupe (30 mL) de beurre ou de margarine

1/2 tasse (125 mL) d'oignon, émincé

1 boîte de 7½ oz (213 mL) de sauce aux tomates

1/2 c. à thé (2 mL) de sucre

1/2 c. à thé (2 mL) de basilic ou d'origan

1/4 de c. à thé (1 mL) de sel

Préparation :

• Saupoudrer chaque filet de sel et de poivre.

• Placer un gherkin ou un morceau de cornichon à l'aneth au bout de chaque filet.

• Le rouler comme un gâteau roulé. Mettre dans un plat de cuisson.

• Disposer les filets dans un plat à cuisson beurré, les uns à côté des autres.

• Faire fondre le beurre ou la margarine dans un bol pour cuisson aux micro-ondes 1 minute à « HIGH ».

• Ajouter les oignons, faire cuire 2 minutes à « HIGH ».

• Ajouter la sauce aux tomates, le sucre, le basilic ou l'origan et le sel. Remuer. Faire cuire 2 ou 3 minutes à « HIGH » ou jusqu'à ce que la sauce soit crémeuse.

• Verser sur le poisson.

• Préchauffer la partie convexion du four à micro-ondes à 450°F (230°C).

• Faire cuire de 15 à 20 minutes ou jusqu'à ce que le poisson soit bien cuit.

vins

Vernaccia di San Gimignano, Monte Oliveto

Corvo (blanc), Duca di Salaparuta

Saumon mariné du Québec

Préparation : . . . . **20 min**

Cuisson : . . . . **15 min**

Attente : . . . . **aucune**

Petit conseil : Cette ancienne recette nous vient de Gaspé. On peut toutefois la préparer avec le saumon du Pacifique. Ce saumon a l'avantage de se conserver de 15 à 20 jours réfrigéré. On le sert avec des concombres ou une salade verte et des pommes de terre bouillies, roulées dans le persil.

 Chardonnay, Monterey County, Almaden

 Montagny Premier Cru, Louis Roche

Ingrédients :

2 à 4 lb (1 à 2 kg) de saumon frais

1/2 tasse (125 mL) de vinaigre de cidre

2 tasses (500 mL) de vin blanc

1 gros oignon, tranché mince

1 carotte, tranchée mince

1 c. à soupe (15 mL) de gros sel

3 clous de girofle, entiers

1/2 c. à thé (2 mL) de thym

10 grains de poivre

1/2 c. à thé (2 mL) de sel de céleri

Préparation :

• Mettre tous les ingrédients, excepté le saumon, dans un plat pour cuisson aux micro-ondes. Couvrir et faire chauffer 10 minutes à « HIGH ». Retirer du four.

• Préchauffer la partie convexion du four à micro-ondes à 400°F (200°C).

• Mettre le poisson dans un plat de cuisson et verser le liquide chaud. Couvrir.

• Faire cuire le poisson au four 15 minutes. Le retirer du four et le laisser bien refroidir dans son liquide. Le réfrigérer.

• Si le saumon n'est pas complètement recouvert de son bouillon, le retourner deux fois. Le garder bien couvert.

Brochettes de saumon

Cuisson au gril

Préparation :	**20 min**
Cuisson :	**de 10 à 12 min**
Attente :	**aucune**

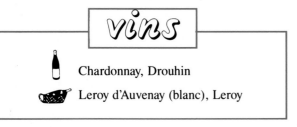

vins

Chardonnay, Drouhin

Leroy d'Auvenay (blanc), Leroy

• Bien entendu, ces brochettes ne sont pas un plat quotidien…mais elles sont si savoureuses ! La truite peut être apprêtée de cette manière.

Ingrédients :

saumon ou truite

jus de citron

chapelure

paprika

champignons

bacon

Préparation :

• Préchauffer le four à « BROIL », en suivant les instructions du manuel d'utilisation du four.

• Couper en morceaux de 1 po (2,5 cm) d'épaisseur un steak de saumon ou des filets de truite.

• Rouler chaque morceau dans le jus de citron frais et l'enrober de chapelure.

• Saupoudrer copieusement de paprika.

• Envelopper de gros champignons entiers dans des demi-tranches de bacon, en comptant 2 champignons par brochette de 4 morceaux de poisson.

• Embrocher les champignons et les morceaux de poisson sur des brochettes de métal ou des brochettes de bambou trempées une heure dans l'eau.

• Badigeonner le tout de beurre fondu.

• Disposer les brochettes sur la clayette du four.

• Les brochettes cuisent généralement en 10 ou 12 minutes. Les retourner une fois.

Mousse chaude au saumon

Préparation : . . . . .20 min
Cuisson : . . . . .de 40 à 50 min
Attente : . . . . .5 min

Petit conseil : Servie comme entrée avant un plat principal léger ou froid, cette mousse est délicieuse accompagnée d'une sauce froide au concombre.

Ingrédients :

1 boîte de 15½ oz (439 mL) de saumon *ou*
   1½ lb (750 g) de saumon frais, poché

sel et poivre au goût

le jus et le zeste râpé d'un demi-citron

1 c. à thé (5 mL) de sauce Worcestershire

2 oignons verts, hachés très fin

3 blancs d'oeufs

1 tasse (250 mL) de crème légère ou riche

Préparation :

• Préchauffer la partie convexion du four à micro-ondes à 375°F (190°C).

• Enlever la peau du poisson, écraser les arêtes avec une fourchette si le saumon en boîte est utilisé.

• Passer le saumon au mélangeur ou au robot culinaire.

• Ajouter les assaisonnements, les oignons verts et brasser pour bien mélanger.

• Ajouter les blancs d'oeufs non battus, un à un, en battant bien chaque fois.

• Incorporer la crème graduellement.

• Verser le mélange dans un moule de 6 tasses (1,5 L), bien huilé.

• Faire cuire 40 à 50 minutes.

• Laisser reposer 5 minutes dans le moule. Démouler sur un plat chaud.

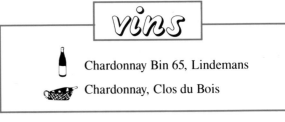

vins

Chardonnay Bin 65, Lindemans

Chardonnay, Clos du Bois

Casserole de saumon

Préparation :	. . . .	**15 min**
Cuisson :	. . . .	**25 min**
Attente :	. . . .	**aucune**

Petit conseil : Une casserole de poisson très pratique : on peut remplacer le saumon par une égale quantité de morue, de flétan, ou même de crabe ou de homard. Cette casserole ne peut être congelée, mais elle se conserve au réfrigérateur quelques jours, pour être réchauffée par convexion à 375°F (190°C) au moment de servir.

vins

Chardonnay Alto Adige, Folonari

Chardonnay, J. Faiveley

Ingrédients :

1 boîte de 15½ oz (439 mL) de saumon *ou*

  2 tasses (500 mL) de saumon, de morue ou de flétan, cuit

lait

2 oignons verts, en dés

3 à 4 tiges de persil, haché

1/2 c. à thé (2 mL) de sel

1/4 de c. à thé (1 mL) de thym et autant de poivre

1½ tasse (375 mL) de céréale de blé en filaments

1/4 de tasse (60 mL) de beurre ou de margarine

Préparation :

• Préchauffer la partie convexion du four à micro-ondes à 375°F (190°C).

• Égoutter le liquide du saumon dans une tasse à mesurer.

• Ajouter du lait pour obtenir 1 tasse (250 mL) de liquide. [Lorsqu'on utilise de la morue ou du flétan, simplement mesurer 1 tasse (250 mL) de lait].

• Défaire le saumon, écraser les arêtes, si le saumon en boîte est utilisé.

• Ajouter la tasse de liquide et le reste des ingrédients, sauf les céréales et le beurre ou la margarine. Bien mélanger le tout.

• Saupoudrer le fond d'un plat de cuisson de 9 pouces (23 cm) d'une couche de céréale de blé écrasée, parsemer de la moitié du beurre ou de la margarine.

• Saupoudrer du reste des céréales émiettées et parsemer du reste de beurre ou de margarine.

• Faire cuire 25 minutes au four préchauffé.

Les fruits de mer

Crevettes grillées

Préparation à l'avance : . . . . **de 3 à 6 h**

Cuisson : . . . . **5 min**

Attente : . . . . **aucune**

Ingrédients :

2 à 3 lb (1 à 1,5 kg) de crevettes fraîches*

1/3 de tasse (80 mL) d'huile d'olive

1/3 de tasse (80 mL) de jus de citron

1 c. à thé (5 mL) de poudre de cari

1 c. à thé (5 mL) d'ail, broyé *ou*
   1/2 c. à thé (2 mL) de poudre d'ail

1 c. à thé (5 mL) de sel

1 tasse (250 mL) de chutney

1 c. à thé (5 mL) de jus de citron

2 c. à soupe (30 mL) de brandy

pain chaud

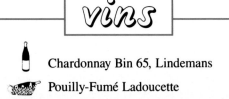

Chardonnay Bin 65, Lindemans

Pouilly-Fumé Ladoucette

Préparation :

• Rincer les crevettes à l'eau froide. Si elles sont surgelées, les laisser tremper 30 minutes, elles seront alors faciles à séparer. Les décortiquer et enlever la veine noire.

• Mélanger l'huile d'olive, le jus de citron, la poudre de cari, l'ail ou la poudre d'ail et le sel.

• Ajouter les crevettes égouttées à ce mélange et remuer pour bien mélanger. Couvrir et réfrigérer de 3 à 6 heures, en remuant une ou deux fois.

• Retirer les crevettes de la marinade. Les égoutter et conserver le liquide.

• Préchauffer le four à « BROIL », en suivant les instructions du manuel d'utilisation.

• Disposer les crevettes sur la clayette et les faire griller 5 minutes sans les retourner, en les badigeonnant plusieurs fois avec la marinade.

• Mélanger le chutney, le jus de citron et le brandy. Utiliser ce mélange comme trempette avec les crevettes grillées.

• Accompagner de bon pain chaud.

* Avec sept livres (3,5 kg) de crevettes surgelées, non cuites, vous organisez un formidable barbecue pour dix personnes. Faites-en l'essai !

Soufflé aux fruits de mer

Entre-Deux-Mers, Château Bonnet

Graves, Château La Louvière (blanc)

Petit conseil : Ce soufflé peut être apprêté avec des crevettes, du crabe ou du homard, cuit. Un mélange de crevettes et de crabe ou de homard est également savoureux.

Ingrédients :

2 c. à soupe (30 mL) de beurre

2 oignons verts, hachés fin

1 ou 2 c. à thé (5 ou 10 mL) de poudre de cari

2 c. à soupe (30 mL) de fécule de maïs

1 tasse (250 mL) de lait

1/2 c. à thé (2 mL) de sel

1/4 de c. à thé (1 mL) de poivre

1 tasse (250 mL) de fruits de mer cuits, hachés fin

4 jaunes d'oeufs

5 blancs d'oeufs

Préparation :	. . . . **15 min**
Cuisson :	. . . . **de 48 à 54 min**
Attente :	. . . . **aucune**

Préparation :

• Faire fondre le beurre dans un bol pour cuisson aux micro-ondes 1 minute à « HIGH » .

• Ajouter l'oignon vert, remuer, faire cuire 1 minute à « HIGH » .

• Ajouter la poudre de cari et la fécule de maïs. Remuer pour bien mélanger.

• Ajouter le lait. Brasser. Faire chauffer aux micro-ondes 2 ou 3 minutes à « HIGH » , en remuant après 2 minutes.

• Si nécessaire, faire cuire 1 minute de plus à « HIGH » , jusqu'à ce que la sauce soit crémeuse.

• Préchauffer la partie convexion du four à micro-ondes à 350°F (180°C).

• Ajouter à la sauce le sel, le poivre et les fruits de mer cuits de votre choix. Bien mélanger le tout. Couvrir et laisser tiédir 10 minutes.

• Battre les jaunes d'oeufs légèrement et les ajouter, en brassant vivement.

• Battre les blancs d'oeufs en neige ferme mais sans les assécher. Les incorporer avec soin dans la sauce.

• Verser dans un plat à soufflé de 6 tasses (1,5 L).

• Faire cuire 45 à 50 minutes, jusqu'à ce que le soufflé soit gonflé et doré.

Brochettes
de fruits de mer

Cuisson au gril

Préparation à l'avance : . . . .**1 h**
Cuisson : . . . .**de 8 à 10 min**
Attente : . . . .**aucune**

Sylvaner, Cuvée des Amours, Hugel

Riesling Kaefferkopf, Adam

• Le grillage à la broche est la plus ancienne et la plus variée de toutes les méthodes de grillage. Il entraîne bien des préparatifs lorsqu'il se fait sur charbon de bois alors qu'il est si facile de griller dans votre four à micro-ondes à « BROIL ».

> **Petit conseil :** Quand il s'agit de fruits de mer, prenez garde de trop les cuire !

Ingrédients :

La marinade

1/2 tasse (125 mL) d'oignon, émincé

1/2 tasse (125 mL) d'huile végétale

3/4 de tasse (190 mL) de sauce chili ou de ketchup

3/4 de tasse (190 mL) d'eau

1/3 de tasse (80 mL) de jus de citron, frais

3 c. à soupe (50 mL) de vinaigre de cidre ou de vin

2 c. à soupe (30 mL) de moutarde de Dijon

2 c. à thé (10 mL) de sel

1 c. à thé (5 mL) de graines d'aneth

Les brochettes

1 lb (500 g) de crevettes fraîches, crues

1 lb (500 g) de pétoncles

olives vertes farcies

Préparation :

• Préchauffer le four à « BROIL », en suivant les instructions du manuel d'utilisation du four.

• Mélanger les ingrédients de la marinade. Verser sur les crevettes et les pétoncles, laisser mariner une heure à la température de la pièce, remuant deux ou trois fois.

• Embrocher en alternant pétoncles et crevettes, mais en mettant deux crevettes à la fois.

• Passer la broche au milieu des crevettes dos à dos en sens opposé.

• Placer une olive entre les crevettes et les pétoncles.

• Disposer les brochettes sur la clayette et faire griller 8 à 10 minutes, ou jusqu'à ce que les fruits de mer soient tendres, les badigeonnant deux fois avec la marinade. NE PAS TROP CUIRE.

Aspic aux crustacés

Préparation à l'avance : . . . . **de 6 à 8 h**

Cuisson : . . . . **2 min**

Attente : . . . . **aucune**

Petit conseil : S'il vous reste une demi-tasse (125 mL) de crustacés et un peu de céleri, voici une manière de les servir avec beaucoup d'élégance, et sans travail.

Ingrédients :

1 enveloppe de gélatine non aromatisée

2 tasses (500 mL) de jus de tomates

1 c. à thé (5 mL) de sucre

1/2 tasse (125 mL) ou plus de crustacés, cuits

1/2 tasse (125 mL) de céleri, en petits dés

1/4 de tasse (60 mL) de persil, émincé

Préparation :

• Dans un bol pour cuisson aux micro-ondes, mélanger la gélatine et 1/2 tasse (125 mL) du jus de tomate, faire chauffer 40 secondes à « HIGH ».

• Mettre dans un autre bol le reste du jus de tomate, faire chauffer 2 minutes à « HIGH ».

• Ajouter la gélatine, brasser pour dissoudre. Laisser tiédir.

• Ajouter au mélange tiédi les crustacés, le céleri, le persil et le sucre.

• Remuer et verser dans le moule choisi bien huilé, de préférence à l'huile d'amande douce.

• Réfrigérer de 6 à 8 heures.

• Démouler dans un nid de laitue déchiquetée et servir avec une bonne mayonnaise.

Muscadet de Sèvre-et-Maine, La Sablette

Sancerre, Domaine de la Moussière

Les sauces

Marinade pour les fruits de mer

Préparation à l'avance : . . . . **1 h**
Cuisson : . . . . **aucune**
Attente : . . . . **aucune**

• Une marinade de gourmet. Elle est exceptionnelle avec les crevettes grillées.

Ingrédients :

1 gousse d'ail, écrasée

1 c. à soupe (15 mL) de jus de citron frais

1 tasse (250 mL) de yaourt

1/4 de c. à thé (1 mL) de poivre frais, moulu

1/4 de c. à thé (1 mL) de cardamome, moulue

Préparation :

• Mélanger tous les ingrédients.

• Y faire mariner le poisson ou les fruits de mer durant 1 heure.

• Cette marinade est aussi une sauce pour badigeonner.

• La quantité est suffisante pour une livre (500 g) de fruits de mer.

Marinade aux agrumes

Ingrédients :

1/4 de tasse (60 mL) de jus de citron frais

1/4 de tasse (60 mL) de jus de lime frais

1/4 de tasse (60 mL) d'huile d'olive

1/2 oignon blanc, finement haché

poivre frais, moulu

1/2 c. à thé (2 mL) d'aneth

1/2 c. à thé (2 mL) d'estragon

1/2 c. à thé (2 mL) de sucre

Sauce pour badigeonner

Ingrédients :

1/4 de tasse (60 mL) d'huile végétale

1/4 de tasse (60 mL) de vinaigre

1/2 tasse (125 mL) de sauce chili

2 c. à thé (10 ml) de sauce Worcestershire

2 c. à soupe (30 mL) de cassonade

Marinade à l'italienne

Ingrédients :

1/2 tasse (125 mL) d'huile d'olive

1 gousse d'ail, émincé

1/2 c. à thé (2 mL) de poivre

1/2 c. à thé (2 mL) d'assaisonnements à l'italienne

1/2 tasse (125 mL) de vermouth

Préparation :

• Pour chacune des recettes précédentes, bien mélanger les ingrédients, y faire mariner le poisson de votre choix durant une ou deux heures, le retournant quelques fois, et utiliser le reste de la marinade pour badigeonner le poisson.

Mayonnaise à la gélatine

Cuisson aux micro-ondes

Préparation : . . . .**1 min**

Cuisson : . . . .**40 s**

Attente : . . . .**aucune**

Petit conseil : Pour servir le poisson en chaud-froid, le napper de cette mayonnaise et placer au réfrigérateur pour faire prendre la gelée.

Ingrédients :

1 enveloppe de gélatine non aromatisée

2 c. à soupe (30 mL) d'eau froide

2 tasses (500 mL) de mayonnaise

Préparation :

• Dans un bol pour cuisson aux micro-ondes, mélanger la gélatine à l'eau froide et faire chauffer 40 secondes à « HIGH ».

• Remuer pour bien dissoudre.

• Verser la gélatine fondue sur la mayonnaise en remuant vivement.

• Étendre à la cuillère sur le poisson froid et réfrigérer pour la faire prendre.

Mayonnaise andalouse

Préparation :	**1 min**
Cuisson :	**aucune**
Attente :	**aucune**

Petit conseil : Pour servir le poisson à l'andalouse, le napper de cette mayonnaise.

Préparation :

• Ajouter **4 c. à soupe (60 mL) de purée de tomates** et **2 poivrons rouges** coupés en languettes à **1 tasse (250 mL) de mayonnaise** au choix.

• Étendre à la cuillère sur le poisson froid et réfrigérer.

Sauce au cari

Cuisson aux micro-ondes

Préparation :	. . . . **5 min**
Cuisson :	. . . . **8 min**
Attente :	. . . . **aucune**

> **Petit conseil :** Servir cette sauce avec les oeufs, le riz ou pour mettre en sauce des restes de viande cuite ou de crustacés.

Ingrédients :

1/4 de tasse (60 mL) de beurre

1 c. à thé (5 mL) de poudre de cari

1/2 c. à thé (2 mL) de curcuma

1 oignon moyen, émincé

1 pomme, pelée et râpée

2 à 3 gousses d'ail, hachées fin

3 c. à soupe (50 mL) de farine

1¼ tasse (315 mL) de bouillon de poulet

1 tasse (250 mL) de crème légère ou de lait

1 c. à thé (5 mL) de sel

Préparation :

- Faire fondre le beurre dans un bol pour cuisson aux micro-ondes 1 minute à « HIGH ».

- Ajouter le cari et le curcuma. Bien mélanger.

- Cuire aux micro-ondes 1 minute à « HIGH », remuer et cuire 1 minute de plus.

- Ajouter l'oignon, la pomme et l'ail. Bien mélanger. Faire cuire 2 minutes à « HIGH ».

- Ajouter la farine, bien mélanger, et incorporer le reste des ingrédients tout en remuant.

- Cuire 4 minutes à « HIGH ». Remuer à mi-cuisson.

- La sauce sera onctueuse et légère.

Sauce froide au concombre

Préparation :	. . . . **15 min**
Cuisson :	. . . . **aucune**
Attente :	. . . . **aucune**

Ingrédients :

1 concombre moyen, non pelé

1/2 tasse (125 mL) de crème riche

1/2 c. à thé (2 mL) de sel

une pincée de poivre de cayenne

le jus d'un demi-citron

Préparation :

• Râper le cocombre non pelé. Le laisser égoutter dans une passoire.

• Au moment de servir la sauce, fouetter la crème.

• Ajouter le concombre, le sel, le poivre de Cayenne et le jus de citron. Remuer.

• Servir en saucière.

Sauce aux câpres

Cuisson aux micro-ondes

Préparation : . . . . .5 min
Cuisson : .7 min
Attente : . . . . .aucune

> **Petit conseil :** Excellente sauce avec les viandes bouillies, surtout l'agneau, et le poisson poché. De petits cornichons hachés fin peuvent remplacer les câpres.

Ingrédients :

2 c. à soupe (30 mL) de beurre ou d'un autre corps gras

2 c. à soupe (30 mL) de farine

1 tasse (250 mL) de consommé ou de lait

1/4 de tasse (60 mL) de câpres ou de petits cornichons

1 oignon vert haché fin

1/4 de c. à thé (2 mL) de poudre de cari

1 c. à thé (5 mL) de beurre

Préparation :

• Faire fondre le beurre ou tout autre corps gras dans un plat de 4 tasses (1 L) pour cuisson aux micro-ondes 1 minute à « HIGH ».

• Ajouter la farine, bien mélanger.

• Ajouter le liquide, bien remuer, faire cuire 3 minutes à « MEDIUM-HIGH ».

• Remuer pour vérifier la cuisson.

• Saler et poivrer au goût et faire cuire encore 30 secondes à 1 minute ou jusqu'à l'obtention d'une sauce crémeuse et bien cuite.

• Ajouter le reste des ingrédients, remuer et faire cuire 3 minutes à « MEDIUM-HIGH », remuant à mi-cuisson.

Le poulet

Poulet à l'orange

• Un délicieux plat estival, également savoureux servi chaud ou à la température ambiante.

Ingrédients :

1 grosse orange, tranchée mince

un demi-citron, tranché mince

4 c. à soupe (60 mL) de beurre

3 poitrines de poulet, désossées et coupées en deux, la peau enlevée

le jus d'un demi-citron

1/4 de lb (125 g) de fromage suisse

Préparation :

• Disposer les tranches d'orange et de citron dans le fond d'un joli plat de cuisson.

• Parsemer le dessus de dés de beurre.

• Préchauffer la partie convexion du four à micro-ondes à 350°F (180°C), y placer le plat de cuisson pour faire fondre le beurre.

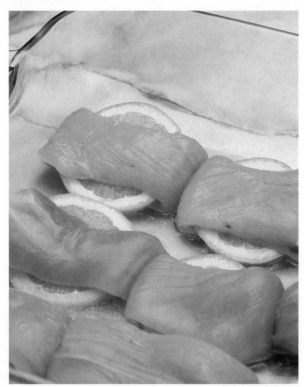

• Retirer le plat du four, y placer les poitrines de poulet sur les tranches d'orange, en repliant les côtés dessous pour une belle présentation.

Préparation :	15 min
Cuisson :	de 33 à 43 min
Attente :	aucune

• Arroser de jus de citron. Faire cuire le poulet de 30 à 40 minutes.

• La cuisson terminée, recouvrir le poulet de minces tranches de fromage.

• Le remettre au four pour 3 minutes afin de faire fondre le fromage et en bien enrober les poitrines.

• Servir chaud ou froid, entouré de cresson frais et croustillant.

vins

Vinho Verde, Aveleda

Fendant, Treize Étoiles (Suisse)

Poulet au miel

Préparation : . . . . **10 min**
Cuisson : le mets : . . . . **de 36 à 40 min**
la sauce : . . . . **2 min**
Attente : . . . . **aucune**

vins

Muscadet de Sèvre-et-Maine,
La Sablette, Martin

Bordeaux (blanc), Chevalier de Védrines

Petit conseil : Voici une recette pratique qui vous permet de profiter des aubaines au comptoir des viandes. Il faut 2 à 3 livres (1 à 1,5 kg) de poulet, soit un petit poulet coupé en quatre, des poitrines de poulet désossées et roulées, la peau enlevée, ou encore des ailes, des cuisses, ou des pattes de poulet. Servir le poulet accompagné de petites nouilles fines ou de riz persillé. Ce plat est tout aussi bon servi froid ; il ne faut pas le réfrigérer. Il peut être cuit le matin et laissé en attente pour le dîner.

Ingrédients :

2½ à 3 lb (1,25 à 1,50 kg) de poulet au choix

1 tasse (250 mL) de sauce chili

1/2 tasse (125 mL) de miel

1 citron frais, tranché mince

1 c. à soupe (15 mL) de farine

Préparation :

- Placer les morceaux de poulet dans un plat de cuisson.

- Mélanger la sauce chili et le miel dans un bol pour cuisson aux micro-ondes.

- Faire chauffer 1 minute à « HIGH ». Bien mélanger et verser sur le poulet.

- Recouvrir le tout des tranches de citron.

- Préchauffer la partie convexion du four à micro-ondes à 375°F (190°C), y faire cuire le poulet de 35 à 40 minutes.

- Vérifier la cuisson avec la pointe d'un couteau ; la durée de cuisson varie légèrement selon les morceaux de poulet utilisés.

La sauce

- Retirer le poulet de la sauce.

- Mettre le jus de cuisson dans un bol pour cuisson aux micro-ondes, s'il y a lieu.

- Ajouter la farine, faire cuire 1 minute à « HIGH », remuer et faire cuire une minute de plus à « HIGH ».

- Verser sur le poulet et servir.

Volaille
à la crème du
« Chapon fin »

Préparation :	**20 min**
Cuisson : le mets :	**64 min**
la sauce :	**de 5 à 6 min**
Attente :	**aucune**

• Monsieur Paul Blanc, un des Maîtres Chefs de France, offre sa fine cuisine au « Chapon fin » à Thoissey, à quelques heures de Paris. Voici l'une de ses recettes. Si un jour vous y passez, n'hésitez pas à aller visiter la superbe cathédrale de Brou de style gothique flamboyant ainsi que ses somptueux tombeaux et vitraux.

Ingrédients :

1 poulet de 3 lb (1,5 kg)

sel, poivre, paprika

3 c. à soupe (50 mL) de beurre

4 oignons moyens, coupés en rondelles

1/4 de tasse (60 mL) de persil, émincé

1/2 c. à thé (2 mL) de thym

2 feuilles de laurier

1/2 lb (250 g) de petits champignons frais

1 tasse (250 mL) de vin blanc ou de vermouth blanc

1 c. à soupe (15 mL) de beurre

3 c. à soupe (50 mL) de farine

3/4 de tasse (190 mL) de crème légère

Préparation :

• Couper le poulet en morceaux ou utiliser le même poids en ailes ou cuisses de poulet.

• Saupoudrer le tout de sel, de poivre et de paprika.

• Faire fondre le beurre dans un plat pour cuisson aux micro-ondes 1 minute à « HIGH ». Y placer les morceaux de poulet et chauffer 5 minutes à « HIGH ».

• Retirer le poulet et ajouter au beurre du plat les oignons, le persil, le thym et les feuilles de laurier. Remuer le tout et faire cuire 4 minutes à « HIGH ».

• Ajouter les champignons, bien mélanger et remettre le poulet dans le plat. Mélanger le tout. Ajouter le vin et couvrir.

• Préchauffer la partie convexion du four à micro-ondes à 350°F (180°C), y placer le poulet et faire cuire 35 minutes.

• Enlever le couvercle et faire cuire 20 minutes de plus, ou jusqu'à ce que le poulet soit tendre.

• Disposer le poulet sur un plat de service chaud.

Pour faire la sauce

• Mélanger le beurre et la farine, ajouter aux légumes dans le plat en remuant, ajouter la crème.

• Bien mélanger le tout et cuire aux micro-ondes 5 à 6 minutes à « MEDIUM-HIGH », jusqu'à l'obtention d'une sauce crémeuse.

• Vérifier l'assaisonnement et verser sur le poulet.

vins

Orvietto Classico, Antinori

Savennières, Domaine du Closel

Poulet Monique

Petit conseil : Voici l'une des recettes de réserve de ma fille. Elle se prépare avec un poulet en morceaux ou avec des cuisses de poulet. Le poulet refroidi est également très savoureux ; pourquoi ne pas préparer une quantité suffisante pour qu'il en reste?

Ingrédients :

un poulet de 3 lb (1,5 kg), en morceaux, *ou*
**   4 à 8 cuisses de poulet**

1/2 tasse (125 mL) de farine

1 c. à thé (5 mL) de sel

1 c. à thé (5 mL) d'estragon

1/2 c. à thé (2 mL) de curcuma ou de paprika

2 c. à soupe (30 mL) de beurre

**2 c. à soupe (30 mL) de gras de bacon ou
    d'huile végétale**

Préparation :

• Préchauffer la partie convexion du four à micro-ondes à 375°F (190°C).

• Mettre ensemble dans un sac de plastique la farine, le sel, l'estragon et le curcuma ou le paprika. Bien agiter pour mélanger.

• Faire fondre le beurre et le gras de bacon ou l'huile végétale dans la lèchefrite du four préchauffé.

• Mettre quelques morceaux de poulet dans le sac de farine assaisonnée.

• Bien agiter pour enrober les morceaux de poulet, les mettre ensuite dans le gras fondu les uns à côté des autres, la peau touchant le fond.

• Faire cuire 20 minutes. Retourner et cuire encore 20 minutes.

• Dans l'intervalle, préparer une recette de biscuits chauds* à votre choix.

Préparation : . . . . **10 min**
Cuisson : le mets : . . . . **de 55 à 60 min**
            la sauce : . . . . **2 min**
Attente : . . . . **aucune**

• Repousser les morceaux de poulet d'un côté, les entassant.

• Mettre les biscuits de l'autre côté, les uns à côté des autres, dans le jus de cuisson.

• Faire cuire de 15 à 20 minutes, ou jusqu'à ce que les biscuits soient dorés.

La sauce

• Retirer le poulet et les biscuits de la lèchefrite.

• Gratter le fond et les parois pour en déloger les particules brunes.

• Mettre dans un plat pour cuisson aux micro-ondes avec le jus de cuisson.

• Ajouter la farine assaisonnée qui reste dans le sac et **1/2 tasse (125 mL) de lait ou de crème**. Bien remuer.

• Passer aux micro-ondes 2 minutes à « HIGH », jusqu'à ce que la sauce soit crémeuse.

• Servir les morceaux de poulet en les arrosant de la sauce.

* Les biscuits chauds sont des biscuits non sucrés, à la poudre à pâte.

 Graves (blanc), Château d'Archambeau

 Graves (blanc), Château Smith Haut-Lafitte

Poulet rôti estival

Préparation : . . . .**15 min**
Cuisson : le mets : . . . .**1 h 30 min**
             la sauce : . . . .**5 min**
Attente : . . . .**aucune**

> **Petit conseil :** Une méthode intéressante et simple de rôtir le poulet. Il m'arrive de le servir froid avec une mayonnaise à laquelle j'ajoute des câpres et de la moutarde forte au goût.

Ingrédients :

un poulet de 3 à 4 lb (1,5 à 2 kg)

1 c. à thé (5 mL) de sel

1/2 c. à thé (2 mL) de poivre frais, moulu

le foie et le coeur du poulet, si disponibles

1 petite gousse d'ail

1/2 c. à thé (2 mL) d'estragon ou de thym

un gros bouquet de persil entier

2 c. à soupe (30 mL) de beurre, ramolli

1 c. à thé (5 mL) de moutarde sèche

Préparation :

- Préchauffer la partie convexion du four à micro-ondes à 350°F (180°C).

- Retirer l'excédent de gras du poulet. Le tailler en dés et le mettre dans un coin du plat de cuisson.

- Saupoudrer presque tout le sel à l'intérieur du poulet, frotter le reste sur l'extérieur, saupoudrer le poivre à l'intérieur seulement.

- Mettre dans la cavité le foie et le coeur nettoyés, l'ail, l'estragon ou le thym puis remplir avec le bouquet de persil, le poussant à l'intérieur.

- Brider le poulet et le mettre dans le plat de cuisson.

- Mélanger le beurre ramolli et la moutarde. Étendre sur la poitrine du poulet.

- Faire rôtir 1 ½ heure ou jusqu'à ce que le poulet soit d'un beau doré et bien cuit. Pour vérifier la cuisson, remuer les cuisses.

- Mettre le poulet sur un plat de service chaud.

Pour faire la sauce

- Ajouter au jus de cuisson dans le plat **1/2 tasse (125 mL) de bouillon de poulet, de vin blanc, de vermouth sec ou de crème.**

- Remuer, en grattant le fond du plat.

- Remettre au four 5 minutes à 350°F (180°C).

- Remuer et servir.

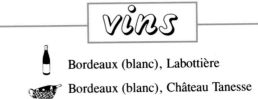

vins

Bordeaux (blanc), Labottière

Bordeaux (blanc), Château Tanesse

Poulet rôti glacé

Préparation :	....	**15 min**
Cuisson : le mets :	....	**de 36 à 45 min**
la sauce :	....	**de 2 à 3 min**
Attente :	....	**10 min**

vins

Cabernet Sauvignon - Shirax, Hardy's

Bordeaux Supérieur, Château Parenchère

• Ce poulet devient tout doré et glacé à la cuisson. Il est très facile à préparer :

Ingrédients :

un poulet de 3 lb (1,5 kg)

1/2 c. à thé (2 mL) de sel

2 c. à thé (10 mL) de paprika

le zeste râpé d'un citron

3 c. à soupe (50 mL) d'huile d'arachides

1 bouquet de persil ou de menthe

La sauce

1 c. à thé (5 mL) de farine

1/2 tasse (125 mL) d'eau, de consommé, de crème légère ou de vin blanc

Préparation :

• Préchauffer la partie convexion du four à micro-ondes à 375°F (190°C).

• Mélanger le sel, le paprika, le zeste de citron et l'huile d'arachides dans un bol. Badigeonner tout le poulet de ce mélange.

• Farcir la cavité de persil ou de menthe.

• Ficeler les pattes.

• Mettre le poulet dans un plat de cuisson.

• Faire rôtir le poulet au four 12 à 15 minutes par livre (500 g).

• Retirer le poulet du four et le laisser reposer 10 minutes avant de le servir.

Pour faire la sauce

• Ajouter la farine aux jus de cuisson.

• Remuer, en grattant bien le fond de la lèchefrite ou du plat de cuisson.

• Ajouter le liquide choisi. Bien mélanger.

• Si nécessaire, verser la sauce dans un plat pour cuisson aux micro-ondes. Chauffer 2 ou 3 minutes à « HIGH », en remuant une fois.

• Servir en saucière.

Poitrines de poulet à l'estragon

Préparation :	. . . .**5 min**
Cuisson : le mets :	. . . .**40 min**
la sauce :	. . . .**2 min**
Attente :	. . . .**10 min**

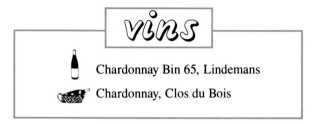

Chardonnay Bin 65, Lindemans

Chardonnay, Clos du Bois

• Un plat élégant et délicieux, toujours apprécié.

Ingrédients :

2 poitrines de poulet, désossées

sel et poivre au goût

3 c. à soupe (50 mL) de beurre mou

1 c. à thé (5 mL) d'estragon ou de thym

2 c. à soupe (30 mL) de sherry sec ou de crème

Préparation :

• Préchauffer la partie convexion du four à micro-ondes à 400°F (200°C).

• Étaler les poitrines de poulet, saler et poivrer au goût.

• Mélanger le beurre avec l'estragon ou le thym, en recouvrir l'intérieur des poitrines de poulet (conserver 1 c. à thé (5 mL) pour étendre sur le dessus du poulet).

• Replier la peau en dessous pour arrondir la forme. Beurrer le dessus avec le beurre réservé.

• Disposer dans un plat de cuisson ou une assiette à tarte de 9 pouces (23 cm).

• Faire rôtir le poulet 40 minutes. Placer le poulet sur un plat de service chaud.

• Gratter le fond et les parois du plat de cuisson et mettre les particules cuites et le jus de cuisson dans un plat pour cuisson aux micro-ondes.

• Ajouter le sherry ou la crème. Remuer.

• Passer aux micro-ondes 2 minutes à « HIGH ». Remuer.

• Laisser reposer 10 minutes.

• Verser la sauce sur le poulet et servir.

Mon poulet grillé préféré

Préparation : . . . . **10 min**

Cuisson : . . . . **1 h**

Attente : . . . . **aucune**

Petit conseil : Ce plat est également bon servi froid, mais il est encore meilleur s'il a été réfrigéré. Je ne sers jamais ce délicieux poulet avec une sauce ; il suffit d'un grand bol de salade verte croustillante et du chutney.

Ingrédients :

un poulet à griller de 2½ à 3 lb (1 à 1,5 kg)

sel et poivre au goût

3 c. à soupe (50 mL) d'huile végétale

1 c. à thé (5 mL) de paprika

1/2 c. à thé (2 mL) d'estragon, de basilic ou de sarriette *ou* 1/4 de c. à thé (1 mL) de thym ou de sauge

Préparation :

• Préchauffer le four à « BROIL », en suivant les instructions du manuel d'utilisation du four.

• Fendre le poulet en deux avec des ciseaux pour volailles ou des ciseaux de cuisine.

• D'abord, couper le long du dos.

• Tourner et couper l'os de la poitrine.

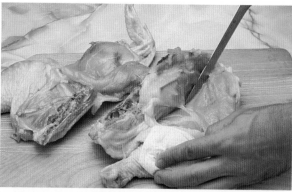

• Retirer l'os de la poitrine et le cou pour en faire un bouillon.

• Faire tourner l'aile dans la jointure pour l'étendre à plat.

• Mettre la volaille, la peau touchant le fond, dans la lèchefrite du four, non pas sur la clayette.

• Saupoudrer de sel et de poivre, verser l'huile sur le dessus, et saupoudrer de paprika.

• Saupoudrer l'herbe choisie sur le poulet.

• Placer la lèchefrite au four préchauffé.

• Faire griller un côté 30 minutes, puis retourner et badigeonner le dessus avec le jus de cuisson. Faire griller l'autre côté 30 minutes, ou jusqu'à ce que la peau soit croustillante et dorée. (Réduire la température après 15 minutes si la peau brunit trop rapidement).

• Servir.

 Muscadet de Sèvre-et-Maine, Domaine de la Botinière

 Sancerre, La Bourgeoise

Ailes de poulet croustillantes

Cuisson au gril et par convexion

Préparation :	. . . .	**15 min**
Cuisson :	. . . .	**de 45 à 50 min**
Attente :	. . . .	**aucune**

Petit conseil : Ces ailes de poulet faciles à préparer et économiques sont également savoureuses servies chaudes, tièdes ou refroidies, mais jamais réfrigérées. Un poulet en morceaux se prête aussi à cette recette.

Ingrédients :

2 lb (1 kg) d'ailes de poulet

1 c. à thé (5 mL) de paprika

1/2 c. à thé (2mL) d'estragon ou de sarriette

1/2 tasse (125 mL) de beurre ou de margarine

2 c. à thé (10 mL) de moutarde de Dijon

1 c. à thé (5 mL) de sel

1/4 de c. à thé (1 mL) de poivre

2 c. à thé (10 mL) de vinaigre de vin ou de cidre

1 tasse (250 mL) de chapelure fine

2 c. à soupe (30 mL) de margarine ou de beurre fondu

Préparation :

• Préchauffer le four à « BROIL », en suivant les instructions du manuel d'utilisation du four.

• Mélanger le paprika, l'estragon ou la sarriette. En saupoudrer les ailes de poulet.

• Disposer sur la clayette et faire griller 10 minutes.

• Retirer le poulet du four. Mettre les ailes de poulet dans un plat de cuisson.

• Mettre en crème le beurre ou la margarine avec la moutarde, le sel, le poivre et le vinaigre. Bien enrober les ailes de ce mélange.

• Mélanger la chapelure avec la margarine ou le beurre fondu. Saupoudrer sur les ailes de poulet.

• Préchauffer la partie convexion du four à micro-ondes à 350°F (180°C) .

• Faire cuire les ailes de poulet 35 à 40 minutes, en les arrosant 3 à 4 fois avec le beurre qui fond et coule au fond du plat.

• Lorsqu'elles sont cuites, les ailes sont tendres et dorées sur le dessus.

vins

Frascati Superiore, Fontana Candida

Colli Albani Superiore, Fontana di Papa

Poulets de Cornouailles

Préparation : . . . .**35 min**
Cuisson : . . . .**45 min**
Attente : . . . .**aucune**

Petit conseil : Un plat pour les grandes occasions !
Servir sur un lit de riz sauvage, avec du cresson frais
et garni de gelée au porto si disponible.

Ingrédients :

4 poulets de Cornouailles

8 feuilles doubles de papier d'aluminium

1/2 tasse (125 mL) d'huile d'olive ou végétale

sel et poivre au goût

paprika

1/2 tasse (125 mL) de sauce A-1 ou Worcestershire

1/2 tasse (125 mL) de vin rouge sec ou de porto

1 c. à thé (5 mL) d'estragon

1/2 c. à thé (2 mL) de thym

le zeste râpé d'une orange

Préparation :

• Préchauffer la partie convexion du four à micro-ondes à
300°F (150°C).

• Couper chaque volaille le long du dos et bien l'ouvrir.

• L'aplatir sur une planche avec un maillet de bois ou le
plat d'un couperet.

• Diviser en deux.

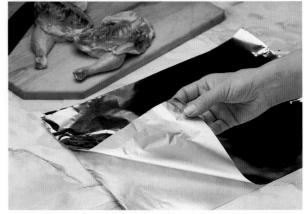

• Couper le papier d'aluminium assez grand pour pouvoir
l'enrouler autour d'une moitié de poulet.

• Mettre une autre feuille de même dimension sur la
première.

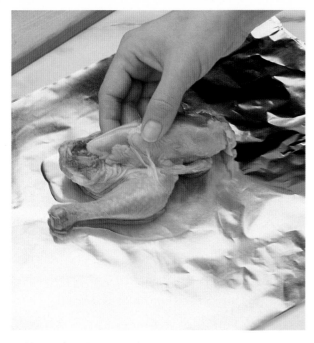

- Verser 2 c. à soupe (30 mL) d'huile sur la feuille du dessus.

- Rouler chaque moitié de poulet dans l'huile du côté de la chair.

- Étendre l'excédent d'huile sur cette feuille.

- Saupoudrer sel, poivre et paprika sur les volailles.

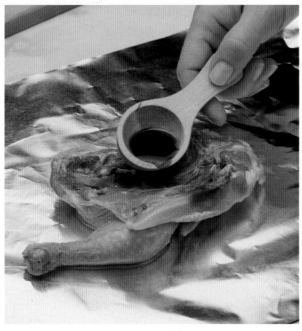

- Bien envelopper chaque moitié avec la première feuille en prenant soin de ne pas la déchirer. Faire de même avec la deuxième feuille.

- Placer les paquets dans une lèchefrite et faire cuire 45 minutes.

- Au moment de servir, disposer les poulets dans un nid de riz sauvage aromatisé, arroser également chaque moitié avec le jus de cuisson.

- Accompagner au goût de tomates cerises, évidées et farcies de **tiges de persil.**

- Les disposer du côté de la chair sur la feuille d'aluminium et déposer dans chaque cavité 2 c. à thé (10 mL) de sauce A-1 et autant de sauce Worcestershire et de vin rouge.

- Mélanger le thym, l'estragon et le zeste d'orange et saupoudrer également au-dessus de chaque moitié.

vins

Cabernet Sauvignon, Napa Ridge

Moulis, Château Maucaillon

Morceaux de poulet à la sauce barbecue

Préparation : . . . . **5 min**	
Cuisson : le mets : . . . . **1 h**	
la sauce : . . . . **3 min**	
Attente : . . . . **aucune**	

Petit conseil : Cette recette peut être préparée avec un poulet de 3 livres (1,5 kg) coupé en morceaux ou avec des ailes ou des cuisses de poulet. Pour varier, 6 à 8 côtelettes de porc de 1 à 1 ½ pouce (2,5 à 4 cm) peuvent remplacer le poulet. La préparation et la cuisson ne changent pas.

Ingrédients :

un poulet de 3 lb (1,5 kg) coupé en 6 ou 8 morceaux

1 tasse (250 mL) de ketchup ou de sauce chili

6 c. à soupe (90 mL) de miel

1 citron, tranché mince

Préparation :

• Préchauffer la partie convexion du four à micro-ondes à 300°F (150°C).

• Mettre les morceaux de poulet dans une rôtissoire d'environ 2 po (5 cm) de profondeur.

• Mélanger le ketchup ou la sauce chili et le miel. En napper le dessus des morceaux de poulet.

• Mettre 1 ou 2 tranches de citron sur chaque morceau de poulet.

• Faire cuire 1 heure, jusqu'à ce que le poulet soit tendre. Mettre le poulet sur un plat chaud.

Pour faire la sauce

• Ajouter au jus de cuisson **1/2 tasse (125 mL) d'eau froide ou 1/4 de tasse (60 mL) de porto ou de Madère et autant d'eau froide.**

• Gratter le fond et les parois de la rôtissoire pour en déloger tous les petits morceaux croustillants qui y adhèrent.

• Verser le tout dans un bol pour cuisson aux micro-ondes, remuer. Faire chauffer aux micro-ondes 3 minutes à « HIGH ».

• Servir la sauce telle quelle ou la couler.

 Fumé Blanc, Sélection du Capitaine, Hardy's

 Chianti Classico, Riserva Ducale, Ruffino

Le canard

Canard à la Ross-Muir

• À Londres, « Le Beurre fondu » est un petit hôtel où le chef, Robert Ross-Muir, est reconnu. Si vous êtes de passage à Londres, prenez le temps de vous y rendre et de vous régaler du canard à la Ross-Muir, s'il est au menu. Cette façon d'apprêter le canard est unique.

Ingrédients :

un canard de 3 lb (1,5 kg)*

1/2 lb (250 g) d'abricots frais, coupés en deux, les noyaux enlevés

1/2 c. à thé (2 mL) de romarin

1 c. à thé (5 mL) de graines de fenouil

1/2 tasse (125 mL) de vin blanc

1 c. à soupe (15 mL) de cognac

1 c. à soupe (15 mL) de fécule de maïs

1 tasse (250 mL) de fond de canard ou autre bouillon de volaille

* Pour faire cuire un canard de 4 à 5 lb (2 à 2,5 kg), préchauffer la partie convexion du four à micro-ondes à 325°F (160°C) et faire cuire 1 ¼ heure.

Préparation :

• Prélever les poitrines : la lame du couteau appuyée sur l'os du thorax.

Préparation :	15 min
Cuisson :	de 44 à 49 min
Attente :	aucune

• Sectionner le canard en quatre morceaux.

• Disloquer les os des cuisses et terminer l'opération à l'aide d'un couteau.

• Essuyer les portions de canard avec du **vinaigre de vin** ou du **jus de citron frais**.

• Préchauffer la partie convexion du four à micro-ondes à 375°F (190°C).

• Disposer les chairs dans un plat de cuisson (aussi pour cuisson aux micro-ondes), saupoudrer du romarin et des graines de fenouil.

• Cuire 40 à 45 minutes. Retirer du four.

• Mettre le canard de côté. Enlever l'excédent de graisse, déglacer avec le vin et le cognac.

• Dans un bol, délayer la fécule de maïs au fond de canard.

• Verser dans le plat de cuisson. Bien remuer. Ajouter les abricots.

• Cuire 2 minutes à « MEDIUM-HIGH », remuer. Remettre le canard dans le plat de cuisson, verser la sauce dessus et chauffer 2 minutes à « HIGH ». Servir immédiatement.

vins

Haut-Médoc, Château Pabeau

Saint-Georges Saint-Émilion, Château Saint-Georges

Canard rôti de grand-mère

Préparation : . . . . **20 min**
Cuisson : le mets : . . . . **1 h 30 min**
la sauce : . . . . **3 min**
Attente : . . . . **aucune**

Petit conseil : C'est une vieille recette de famille que j'ai toujours aimée. Au moment de servir, grand-mère retirait la farce du canard et l'étalait sur une tranche épaisse de pain maison, grillée et beurrée. Pour la servir, elle coupait la tranche de pain en bâtonnets, elle en disposait un sur chaque assiette et l'arrosait d'un peu de sauce. C'était exquis.

Préparation :

- Nettoyer le canard et préparer la farce.

Pour faire la farce

- Faire fondre les 3 c. à soupe (50 mL) de beurre 1 minute à « HIGH » dans un bol pour cuisson aux micro-ondes.

- Ajouter l'oignon et le céleri.

- Cuire 2 minutes à « HIGH » pour ramollir les légumes. Éviter de les faire brunir.

- Ajouter les cubes de pain, le persil, les pommes, le zeste et le jus de citron, la cannelle, les graines d'anis ou de carvi, les clous de girofle moulus, sel et poivre au goût.

- Bien mélanger le tout et en farcir le canard. Ficeler la cavité.

La cuisson du canard

- Préchauffer la partie convexion du four à micro-ondes à 350°F (180°C).

- Mettre le canard dans une rôtissoire.

- Le recouvrir du mélange des 2 c. à soupe (30 mL) de beurre, de la sauce de soja et du miel.

- Faire rôtir le canard 1 heure et 30 minutes ou jusqu'à ce qu'il soit bien cuit.

Pour faire la sauce

- Retirer le canard de la rôtissoire.

- Enlever l'excès de gras des jus de cuisson.

- Ajouter la farine, bien mélanger en grattant le fond de la rôtissoire.

- Ajouter le jus de pommes et remuer.

- Mettre le tout dans un plat pour cuisson aux micro-ondes, s'il y a lieu.

- Faire chauffer 3 minutes à « HIGH », en remuant après 2 minutes. Servir en saucière.

Ingrédients :

1 canard domestique de 4 à 5 lb (2 à 2,5 kg)

La farce

3 c. à soupe (50 mL) de beurre

1 gros oignon, en dés

1/2 tasse (125 mL) de céleri, en dés

1 tasse (250 mL) de pain sec grillé, en cubes

1/4 de tasse (60 mL) de persil frais, émincé

2 tasses (500 mL) de pommes non pelées, en dés

le zeste râpé et le jus d'un citron

1/4 de c. à thé (1 mL) de cannelle

une pincée d'anis ou de carvi

une pincée de clous de girofle moulus

sel et poivre au goût

La glaçure

2 c. à thé (10 mL) de beurre

1 c. à thé (5 mL) de sauce de soja

1 c. à soupe (15 mL) de miel

La sauce

1 c. à soupe (15 mL) de farine

1/2 tasse (125 mL) de jus de pomme

Fond de canard

Préparation : . . . . **10 min**
Cuisson : convexion : . . . . **de 45 à 60 min**
ou micro-ondes : . . . . . **de 20 à 30 min**
Attente : . . . . **30 min**

Ingrédients :

1/2 carcasse de canard, brisée*

3 carottes, hachées grossièrement

2 branches de céleri

1 feuille de laurier

1 gros oignon, coupé en deux

3 c. à soupe (50 mL) de pâte de tomates

4 tasses (1 L) d'eau froide

Préparation :

CONVEXION

• Préchauffer la partie convexion du four à micro-ondes à 350°F (175°C).

• Sectionner le canard (ou toute autre volaille) en quatre morceaux.

• Dans un plat de cuisson profond, mettre tous les ingrédients. Cuire 45 à 60 minutes.

• Couler le bouillon dans un tamis fin ou une étamine.

• Laisser reposer 30 minutes.

MICRO-ONDES

• Mettre tous les ingrédients dans un plat pour cuisson aux micro-ondes et faire cuire 20 à 30 minutes à « HIGH ».

• Couler le bouillon dans un tamis fin ou une étamine.

• Laisser reposer 30 minutes.

Toute autre carcasse de volaille peut être utilisée pour faire ce bouillon.

L'oie

L'oie rôtie

Quelques conseils pour le rôtissage

• Avant de farcir l'oie, frotter l'intérieur avec une moitié de citron.

• Piquer l'oie en plusieurs endroits afin de permettre à la graisse de s'écouler durant la cuisson.

• Frotter la peau avec du sel, pour la rendre plus croustillante.

• Placer une claie dans un plat de cuisson peu profond, y déposer l'oie sur la poitrine.

La farce

• Ne farcir l'oie décongelée qu'au moment de la cuisson.

• La farce peut être préparée la veille de la cuisson et conservée au réfrigérateur jusqu'au moment de l'utilisation.

• Si vous préférez, vous pouvez faire la farce à votre goût.

• Utiliser des **pommes sures**, coupées en quartiers, le coeur enlevé, saupoudrées au goût de **cannelle** ou de **clous de girofle moulus**, ou de **graines de coriandre** ou de **carvi**, écrasées.

• Ou, ce qui est très bon : en parties égales, des **pommes**, finement hachées, du **céleri** et des **canneberges** non cuites, des **pruneaux dénoyautés**, des **abricots déshydratés** ou des **raisins secs.**

• Les fruits secs peuvent être mis à macérer de 6 à 8 heures dans **le porto, le rhum ou le Madère.**

Le temps de cuisson

• Préchauffer la partie convexion du four à micro-ondes à 350°F (180°C) et faire rôtir l'oie de 25 à 30 minutes par livre (500 g).

Pour une peau très croustillante

• Élever la température du four à 450°F (230°C) durant les dernières trente minutes de cuisson.

• Avant d'élever la température, retirer l'oie du plat de cuisson, disposer des jus de cuisson. Remettre la volaille dans le plat et l'arroser de **1/2 tasse (125 mL)** *d'eau glacée.*

• L'alternative serait d'utiliser un glaçage durant la dernière heure de cuisson, mais ne pas élever la température et disposer des jus de cuisson.

Mon glaçage préféré

Ingrédients :

2 tasses (500 mL) de thé fort, chaud

1/4 de tasse (60 mL) de miel

le zeste râpé d'une orange

Préparation :

• Mélanger tous les ingrédients.

• Badigeonner l'oie du mélange à chaque 20 minutes durant la dernière heure de cuisson.

Glaçage italien

Ingrédients :

1 tasse (250 mL) de beurre, fondu

le jus d'un citron

1 c. à thé (5 mL) de romarin

Préparation :

• Mélanger tous les ingrédients.

• Badigeonner l'oie du mélange à chaque 20 minutes durant la dernière heure de cuisson.

vins

Tokay d'Alsace, Hugel

Gewurztraminer, Trimbach

Farces et sauces

Farce au pain et au persil

Préparation : . . . . **10 min**

Cuisson : . . . . **faire dorer**

Attente : . . . . **aucune**

Petit conseil : Cette farce est très savoureuse. Elle est facile et rapide à préparer. La quantité est suffisante pour farcir un gros poulet. Les quantités peuvent être doublées pour farcir une dinde de 10 à 12 livres (5 à 6 kg).

Ingrédients :

6 à 8 tranches de pain, blanc ou brun

3 ou 4 gousses d'ail

1 tasse (250 mL) de persil frais, grossièrement haché

6 oignons verts, finement hachés

1/2 c. à thé (2 mL) de thym

le zeste râpé d'un citron

sel et poivre au goût

Préparation :

• Préchauffer la partie convexion du four à micro-ondes à 400°F (200°C).

• Disposer les tranches de pain au fond du plat du four. Les faire dorer.

• Frotter chaque tranche de pain des deux côtés avec une gousse d'ail tranchée.

• Couper le pain en dés, le mettre dans un bol, ajouter le persil, les oignons verts, le thym et le zeste râpé. Mélanger le tout.

• Saler et poivrer l'intérieur de la volaille.

• La farcir de ce mélange et la faire cuire selon la recette choisie.

Sauce au pain
à l'anglaise

Cuisson aux micro-ondes

Préparation :	**3 min**
Cuisson :	**6 min**
Attente :	**aucune**

Petit conseil : C'est une sauce veloutée, onctueuse et légère. La servir avec perdrix, faisan, caille, poulet de Cornouailles ou dinde rôtie.

Ingrédients :

1 tasse (250 mL) de lait

2 clous de girofle

1 petit oignon entier

1/4 de c. à thé (1 mL) de sauge

1 ¼ tasse (315 mL) de mie de pain blanc

1 c. à soupe (15 mL) de beurre

1 c. à soupe (15 mL) de crème

sel et poivre au goût

Préparation :

• Verser le lait dans un bol pour cuisson aux micro-ondes.

• Piquer les clous de girofle dans l'oignon et l'ajouter au lait ainsi que la sauge.

• Cuire aux micro-ondes 3 minutes à « HIGH ».

• Ajouter la mie de pain. Bien mélanger et faire cuire 2 minutes à « HIGH ». Retirer l'oignon.

• Ajouter le beurre et la crème.

• Fouetter la sauce quelques secondes, saler et poivrer au goût.

• Faire cuire 1 minute à « HIGH » ou jusqu'à ce que la sauce soit bien chaude.

• Battre jusqu'à l'obtention d'une belle crème blanche, légère. Servir.

Sauce aux canneberges au sirop d'érable

Préparation : . . . .**3 min**
Cuisson : . . . .**5 min**
Attente : . . . .**aucune**

Cuisson aux micro-ondes

• Pour bien des gens, il semble que la sauce aux canneberges est de rigueur pour accompagner le poulet. En voici une qui a son caractère particulier.

Ingrédients :

1/2 tasse (125 mL) de sirop d'érable

1/2 tasse (125 mL) d'eau

1 c. à thé (5 mL) de gingembre frais, râpé

4 tasses (1 L) de canneberges

Préparation :

• Mélanger dans un bol pour cuisson aux micro-ondes le sirop d'érable, l'eau et le gingembre râpé.

• Ajouter les canneberges en remuant et faire cuire 5 minutes à « HIGH ».

• Remuer et réfrigérer.

Beurre manié

Préparation : . . . .**5 min**

Cuisson : . . . .**aucune**

Attente : . . . .**aucune**

Petit conseil : À conserver au réfrigérateur dans un bocal couvert. Ce beurre est excellent pour mettre en crème ou épaissir les sauces, les soupes et les ragoûts en un rien de temps. Le jus de citron frais aide à la conservation.

Ingrédients :

1 tasse (250 mL) de beurre à la température de la pièce

1 tasse (250 mL) de farine

1 c. à soupe (15 mL) de jus de citron frais

1/8 de c. à thé (0,5 mL) de muscade ou de thym (facultatif)

Préparation :

• Battre tous les ingrédients en crème.

• Les mettre dans un contenant et conserver au réfrigérateur.

Pour ajouter à une sauce

• Ajouter 1 c. à thé (5 mL) de beurre manié à la fois à un liquide chaud dans un plat pour cuisson aux micro-ondes, en battant avec un fouet, passer 30 secondes à « HIGH ».

• Continuer à ajouter du beurre manié jusqu'à l'obtention de la consistance désirée.

Les légumes

La cuisson des légumes

- Quel délice, s'il nous était donné de cueillir chaque jour nos légumes au jardin et de les consommer en pleine maturité ! Même en été, cette situation idéale ne se réalise que pour ceux qui ont un potager, donc pour la minorité.

- Nous devons compter sur les marchés pour obtenir les produits de la terre.

- Il est relativement facile de juger de la fraîcheur d'un légume par sa texture, sa couleur, son apparence. En recherchant la qualité dans les légumes, vous êtes en quête d'une bonne santé.

- Il importe de conserver au bon légume toute sa valeur nutritive et sa saveur. De tous les aliments, ce sont les légumes dont on se soucie le moins à la cuisson.

- Voici les règles à suivre pour la cuisson parfaite des légumes.

Règle no 1

- La préparation des légumes doit s'effectuer, dans la majorité des cas, au moment de la cuisson. C'est alors qu'ils sont pelés, tranchés ou taillés en dés ou selon les exigences de la recette.

- NE PAS FAIRE TREMPER LES LÉGUMES À L'EAU FROIDE AVANT LA CUISSON, SAUF QUELQUES EXCEPTIONS.

- Le chou fait exception et on le fait tremper dans de l'eau froide salée pour déloger les insectes. Ce trempage NE DOIT PAS dépasser 30 minutes.

- Je recommande aussi de faire tremper les carottes 10 minutes dans l'eau froide avant la cuisson aux micro-ondes. Ce légume est fibreux et a tendance à s'assécher ou à demeurer dur après la cuisson. Les jeunes carottes et les carottes fraîchement cueillies ne nécessitent aucun trempage.

- La teneur vitaminique des légumes est affectée lorsqu'ils sont exposés à l'air ou trempés dans l'eau et ils perdent de leur saveur.

Règle no 2

- Il NE FAUT JAMAIS ajouter de bicarbonate de soude (soda à pâte) à la cuisson des légumes ; cela diminue leur teneur vitaminique.

Règle no 3

- Il NE FAUT PAS ajouter de sel à la cuisson des légumes, sauf pour les pommes de terre. Dans ce cas, utiliser 1/2 c. à thé (2 mL) de sel pour 6 pommes de terre.

- Le sel ne doit être ajouté, en général, qu'au moment de servir.

Règle no 4

- Les légumes frais contiennent un sucre naturel qu'ils commencent à perdre dès la cueillette.

- Le maïs et les petits pois sont les légumes où la perte de sucre est la plus prononcée.

- Il faut ajouter du sucre à la cuisson. Une demi-cuillerée à thé (2 mL) de sucre et non pas de sel, ajoutée aux légumes à la cuisson, améliore la saveur et même souvent la couleur.

- Le sucre ainsi ajouté ne confère pas un goût sucré, il ne fait qu'accentuer le sucre naturel du légume.

Règle no 5

- Utiliser souvent les fines herbes dans et après la cuisson des légumes, elles en rehaussent la saveur.

- À titre d'exemple, la sarriette avec les haricots verts, la menthe avec les petits pois, la sauge avec les fèves de Lima, le thym avec les carottes. Ce ne sont que des suggestions, à vous de choisir selon votre goût.

Règle no 6

- Faire cuire les légumes pour qu'ils soient juste tendres à la fourchette. Ils doivent demeurer quelque peu croustillants pour conserver toute leur saveur.

Bouillons de légumes

- Si l'on veut conserver un fonds (base de sauce ou bouillon) plus de deux jours, éviter d'utiliser des poivrons, champignons, choux, aubergines, courges, haricots, choux-fleurs ou brocoli ; ces légumes peuvent développer une toxine.

- Pour faire une mirepoix (préparation à base de légumes et d'épices pour corser une viande), utiliser des carottes, du céleri, des oignons, des tomates et un bouquet garni (laurier, ail, assaisonnements).

La pomme de terre au four

- NE PAS LES ENVELOPPER DANS LE PAPIER D'ALUMINIUM !

- Les mettre alors dans la partie convexion du four à micro-ondes préchauffée suivant le tableau de cuisson ci-après.

Cuisson des pommes de terre par convexion	
Température	**Durée de cuisson en minutes**
425°F (225°C)	40 à 60
400°F (200°C)	45 à 55
375°F (190°C)	50 à 60
350°F (180°C)	55 à 65
325°F (160°C)	75 à 85

- De quelle manière faites-vous cuire vos pommes de terre au four? Les mettez-vous tout simplement dans le four avec tout autre plat, en souhaitant de les réussir?

- Il semble que la plupart des gens ne savent pas faire cuire les pommes de terre au four.

- Si l'on en croit les spécialistes en alimentation, il existe pourtant une méthode qui est très simple.

- D'abord, il faut choisir la variété appropriée. Certaines pommes de terre sont meilleures bouillies plutôt que cuites au four.

- Une variété tout usage est un bon choix, à moins que vous ne serviez que des pommes de terre au four. L'étiquette sur le sac indique généralement si ce sont des pommes de terre tout usage ou pour la cuisson au four.

- Il est préférable de choisir les pommes de terre d'égale grosseur pour obtenir une cuisson uniforme. Les pommes de terre de grosseur moyenne, cinq ou six onces (140 ou 170 g), sont le meilleur choix.

- Bien brosser les pommes de terre.

- Si vous aimez la pelure molle, les enduire de beurre.

- Percer la pelure avec une fourchette pour l'empêcher de fendre.

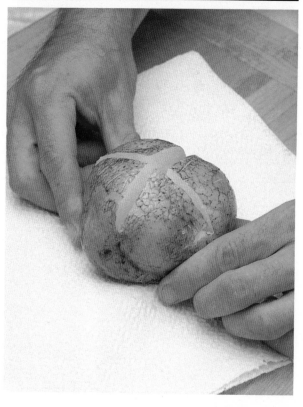

- La cuisson terminée, pratiquer une incision en forme de X sur le dessus de chaque pomme de terre et la pincer pour que la vapeur s'en échappe.

131

Fines herbes

Aneth

Poissons, haricots jaunes et verts, chou bouilli, salade de choux, concombre, soupe aux pois, cornichons, vinaigres.

Basilic

Agneau, pot-au-feu, plats à base de tomates, tous les légumes, salades, soupes aux légumes, farces, plats de pâtes.

Cerfeuil

Fruits de mer, potages, omelettes, plats en croûte, fondue de tomates, salades, sauces veloutées, beurre blanc.

Estragon

Veau, volailles, omelettes, beurres composés, sauce béarnaise et sauces à base de crème, vinaigres et moutardes.

Marjolaine

Gibier, viandes, poisson au four, légumineuses, sauces à la viande ou aux tomates.

Menthe

Agneau, haricot vert, carottes, pois vert, salade de pomme de terre, pâtes alimentaires, potages glacés, fruits, tisane.

Origan

Poissons, oeufs, salades vertes, pommes de terre, tomates, soupes à base de bouillon de boeuf et de tomates, pizzas.

Oseille

Foie de veau, saumon, omelettes, sorbets, gratinés, gâteaux.

Persil

Bouquet garni, pot-au-feu, oeufs, tous les légumes, béchamel, beurres composés, sauces, marinades, vinaigrettes.

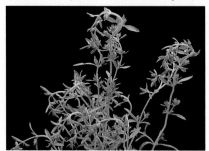

Sariette

Boeuf, veau, lapin, porc, ragoûts, volailles, pommes de terre, omelettes, potages, bouillons, fumets, farces.

Sauge

Ragoûts de viande, charcuterie, porc, poisson, légumineuses, pois chiches, omelettes, pâtes alimentaires, farces.

Thym

Bouquet garni, boeuf, veau, agneau, volailles, carottes, pommes de terre au gratin, tomates, omelettes, soupes.

Sel aromatique

Préparation :	. . . .	**15 min**
Cuisson :	. . . .	**aucune**
Attente :	. . . .	**aucune**

> **Petit conseil :** À conserver à portée de main et à utiliser lorsque vous désirez une délicate saveur de fines herbes. Ce sel se conserve durant des mois dans un contenant bien bouché.

Ingrédients :

1 c. à soupe (15 mL) de feuilles de laurier, brisées

1 c. à soupe (15 mL) de thym séché

1 c. à soupe (15 mL) de macis en poudre

1 c. à soupe (15 mL) de basilic séché

1 c. à thé (5 mL) de romarin séché

2 c. à soupe (30 mL) de cannelle

1/2 c. à thé (2 mL) de clous de girofle, moulus

1/2 c. à thé (2 mL) de muscade, moulue

1/2 c. à thé (2 mL) de quatre-épices, moulu

1 c. à thé (5 mL) de poivre frais, moulu

2 c. à thé (10 mL) de paprika

1 tasse (250 mL) de sel

Préparation :

- Passer au tamis et broyer de nouveau ce qui est encore dans le tamis.
- Mélanger et verser dans un contenant hermétique.

- Mettre tous les ingrédients dans un mortier ou un bol pour piler et broyer jusqu'à ce que le tout soit bien mélangé.

Quelques suggestions pour l'utilisation de l'ail

• Avant de faire rôtir un poulet, frotter l'extérieur avec **une gousse d'ail**, le saupoudrer d'un peu de **muscade**, le badigeonner **d'huile végétale.** Le faire rôtir. Quelle saveur !

• Insérer quelques gousses d'ail dans votre prochain rôti d'agneau ou de porc. Vous en serez agréablement surpris.

• Recouvrir le dessus du prochain pain à la viande de fromage cheddar mélangé avec une petite gousse d'ail émincée.

• Frotter un gigot d'agneau avec une gousse d'ail, puis avec une moitié de citron et quelques cuillerées d'huile. Le faire rôtir.

• Frotter le poêlon avec une gousse d'ail avant d'y faire cuire les oeufs brouillés.

• Pour enlever l'odeur d'ail de la lame d'un couteau ou des doigts, frotter avec un peu de sel et passer à l'eau froide courante.

• Pour un délicat parfum d'ail dans une salade ou un ragoût ou une sauce, utiliser **une cuillerée de vinaigre d'ail**.

Le vinaigre d'ail

• Écraser **6 gousses d'ail** avec le plat d'un gros couteau, en donnant un coup de poing sur la lame.

• Placer dans une bouteille propre.

• Faire chauffer aux micro-ondes **2 tasses (500 mL) de vinaigre blanc** ou **de vinaigre de cidre** 2 minutes à « HIGH », sans bouillir.

• Verser sur l'ail, couvrir, laisser reposer de 2 à 4 semaines, selon la saveur désirée.

• Couler le liquide pour retirer l'ail.

• Conserver comme tout autre vinaigre.

Le sel d'ail

• Ajouter **une gousse d'ail** coupée en deux à **3 à 5 c. à soupe (50 à 75 mL) de gros sel** ou **de sel fin**.

• Écraser le tout ensemble jusqu'à ce que le sel soit bien imprégné de la saveur d'ail.

• Retirer l'ail.

• Conserver dans une bouteille bien bouchée.

Casserole d'aubergine

Préparation : . . . . **10 min**

Cuisson : . . . . **de 40 à 50 min**

Attente : . . . . **aucune**

Petit conseil : En saison, remplacer les tomates en boîte par des tomates fraîches. Pour varier, ajouter 1 tasse (250 mL) de champignons frais tranchés.

Ingrédients :

3 c. à soupe (50 mL) de beurre ou de margarine

1 aubergine moyenne, pelée et en dés

2 petits oignons *ou* 6 oignons verts, hachés fin

1 boîte de 19 oz (540 mL) de tomates

1 c. à soupe (15 mL) de sucre

1 tasse (250 mL) de fromage cheddar, râpé

Préparation :

• Faire fondre le beurre ou la margarine dans un bol pour cuisson aux micro-ondes 1 minute à « HIGH ».

• Ajouter l'aubergine et les oignons, remuer. Couvrir et passer aux micro-ondes 4 minutes à « HIGH ».

• Verser dans un plat de cuisson beurré.

• Préchauffer la partie convexion du four à micro-ondes à 350°F (180°C).

• Égoutter les tomates, en réservant le jus. Les ajouter à l'aubergine et 1/2 tasse (125 mL) du jus réservé avec le sucre.

• Saupoudrer de fromage.

• Faire cuire 40 à 50 minutes, jusqu'à ce que le dessus soit doré, en retournant le plat à mi-cuisson.

vins

Vinho Verde, Aveleda

Vina Marimar, Torres

Casserole aux carottes

Préparation : . . . . **10 min**

Cuisson : . . . . **20 min**

Attente : . . . . **aucune**

Petit conseil : Ce plat peut contribuer au menu d'un déjeuner ou d'un dîner léger, accompagné de minces tranches de jambon et d'une bonne moutarde.

Ingrédients :

3 tasses (750 mL) de carottes, tranchées mince

2 oeufs, battus

4 c. à soupe (60 mL) de beurre, fondu

1/4 de tasse (60 mL) de crème légère ou de lait

1 tasse (250 mL) de fromage fort, râpé

1/2 c. à thé (2 mL) de sauge, fraîche émincée *ou*
1/4 de c. à thé (1 mL) de thym, séché

1 ½ tasse (375 mL) de petits croûtons

sel et poivre au goût

paprika

Préparation :

• Blanchir les carottes dans l'eau bouillante 3 minutes, les rafraîchir avec de l'eau froide et les égoutter.

• Battre ensemble les oeufs, le beurre fondu, la crème ou le lait, le fromage et la sauge ou le thym.

Préparation des croûtons

• Tailler 2 tranches de pain sec en petits cubes.

• Faire fondre 2 c. à soupe (30 mL) de beurre ou de margarine dans une assiette à tarte pour cuisson aux micro-ondes 1 minute à « HIGH ».

• Ajouter les cubes de pain, remuer.

• Faire cuire 2 minutes à « HIGH », remuer. Passer encore 1 minute à « HIGH », s'il y a lieu.

La casserole

• Préchauffer la partie convexion du four à micro-ondes à 400°F (200°C).

• Ajouter les carottes et les croûtons au mélange du fromage.

• Saler et poivrer au goût.

• Graisser un plat à cuisson. Y verser le mélange et saupoudrer de paprika.

• Faire cuire 20 minutes, ou jusqu'à ce que le dessus soit doré. Servir.

vins

Chardonnay-Chenin Blanc, Hardy's

Colli Albani Superiore, Fontana di Papa

Carottes
cuites au four

Préparation : . . . . **10 min**

Cuisson : . . . . **30 min**

Attente : . . . . **aucune**

• Une bonne façon de faire cuire les carottes dans la partie convexion de votre four à micro-ondes.

Ingrédients :

2 tasses (500 mL) de carottes, tranchées mince

1 c. à thé (5 mL) de basilic

1/4 de c. à thé (1 mL) de sucre

2 c. à soupe (30 mL) de beurre

sel et poivre au goût

Préparation :

• Préchauffer la partie convexion du four à micro-ondes à 400°F (200°C).

• Brosser les carottes et les trancher mince. Les placer sur une feuille de papier d'aluminium.

• Saupoudrer de basilic, de sucre et de beurre. Bien envelopper.

• Placer sur la lèchefrite du four.

• Faire cuire 30 minutes.

• Au moment de servir, ouvrir le paquet, saler et poivrer au goût, verser dans un plat de service chaud.

Soufflé aux champignons

Préparation : . . . . **10 min**

Cuisson : . . . . **de 30 à 35 min**

Attente : . . . . **aucune**

Petit conseil : Ce soufflé aux champignons, servi comme légume, accompagne bien un poulet rôti.

Ingrédients :

2 c. à soupe (30 mL) de beurre ou de gras de bacon

3 c. à soupe (50 mL) de farine

1/2 c. à thé (2 mL) de sel

1 c. à thé (5 mL) d'estragon

3/4 de tasse (190 mL) de lait

2 c. à thé (10 mL) de beurre ou de margarine

1/2 tasse (125 mL) de champignons, tranchés

4 jaunes d'oeufs, légèrement battus

4 c. à soupe (60 mL) de fromage Parmesan ou cheddar, râpé

5 blancs d'oeufs, bien battus

Préparation :

• Faire fondre les 2 c. à soupe (30 mL) de beurre ou de gras de bacon dans un plat pour cuisson aux micro-ondes 1 minute à « HIGH ».

• Ajouter la farine, le sel et l'estragon, bien mélanger.

• Ajouter le lait et remuer jusqu'à ce que la sauce soit crémeuse.

• Cuire 1 à 2 minutes à « HIGH » jusqu'à ce que la sauce épaississe ; remuer.

• Faire fondre les 2 c. à thé (10 mL) de beurre ou de margarine dans un plat pour cuisson aux micro-ondes 40 secondes à « HIGH ».

• Ajouter les champignons et faire cuire 30 secondes à « HIGH ».

• Ajouter alors les champignons et les jaunes d'oeufs battus à la sauce.

• Bien mélanger, ajouter le fromage.

• Bien mélanger et incorporer les blancs d'oeufs battus.

• Préchauffer la partie convexion du four à micro-ondes à 400°F (200°C).

• Choisir un plat de cuisson aux parois droites ou un plat à soufflé, et attacher à l'extérieur du plat une bande de papier ciré double d'environ 2 pouces (5 cm) de hauteur. Y verser le mélange.

• Faire cuire le soufflé 30 à 35 minutes, jusqu'à ce qu'il soit gonflé et doré.

• Le servir immédiatement.

Saumur (blanc), Château de Saint-Florent

Vouvray, Marc Brédif

Petit truc : Pour faire une délicieuse soupe en crème, bien mélanger 1 boîte de consommé, une quantité égale du liquide de cuisson de légumes cuits et quelques cuillerées de pommes de terre instantanées.

Champignons marinés

Cuisson aux micro-ondes

Préparation à l'avance :	. . . . .1 h
Cuisson :	. . . . .10 min
Attente :	. . . . .1 semaine

• Les Russes ont une saison bien définie pour mariner les champignons. Chez nous les champignons cultivés sont disponibles en tout temps. Il est pourtant regrettable que nous n'ayons pas le choix de champignons sauvages qu'ils ont durant la bonne saison.

Ingrédients :

1 lb (500 g) de petits champignons

1 tasse (250 mL) de vinaigre de cidre ou de vin rouge

2 clous de girofle entiers

1/2 tasse (125 mL) d'eau

5 grains de poivre entiers

1 feuille de laurier

1 gousse d'ail entière (facultatif)

1 c. à soupe (15 mL) de sel

1 c. à soupe (15 mL) d'huile végétale

Préparation

• Laver les champignons à l'eau froide courante.

• Couper les queues près de la tête et les mettre de côté*.

• Placer les têtes dans une passoire et les laisser égoutter une heure, les mettre ensuite dans un bocal stérilisé.

• Mélanger le vinaigre, les clous de girofle, l'eau, les grains de poivre, la feuille de laurier, l'ail et le sel dans un bol pour cuisson aux micro-ondes. Passer aux micro-ondes 10 minutes à « HIGH ».

• Égoutter et conserver le liquide. Laisser tiédir.

• Verser le liquide sur les champignons.

• Verser l'huile végétale sur le tout. Bien couvrir et réfrigérer.

• Laisser reposer au moins une semaine avant d'utiliser.

• Ces champignons se conservent au réfrigérateur 4 à 6 mois.

** Pour faire un consommé avec les queues de champignons, les mettre dans un bol pour cuisson aux micro-ondes, ajouter **3 tasses (750 mL) d'eau, 1/2 c. à thé (2 mL) de sel**, couvrir et passer aux micro-ondes 20 minutes à « HIGH ». Laisser reposer 15 minutes. Égoutter et conserver le liquide. Il s'ajoute aux soupes et aux sauces.*

Pain de chou-fleur

Préparation : . . . . **10 min**

Cuisson : . . . . **de 30 à 40 min**

Attente : . . . . **aucune**

Petit conseil : Accompagner ce plat inusité d'une salade verte ou de minces tranches de poulet froid.

Ingrédients :

4 tasses (1 L) de chou-fleur, haché grossièrement

1/2 tasse (125 mL) de noix de Grenoble, émincées

1/2 tasse (125 mL) de crème ou de lait

1/2 tasse (125 mL) comble de mie de pain frais

1 tasse (250 mL) de fromage cheddar, râpé

1 oeuf

1/4 de tasse (60 mL) de persil, émincé

sel et poivre au goût

Préparation :

• Préchauffer la partie convexion du four à micro-ondes à 350°F (180°C).

• Mettre tous les ingrédients dans un grand bol. Battre pour bien mélanger. Saler et poivrer au goût.

• Verser dans un moule à pain de 9 × 5 po (23 × 13 cm).

• Faire cuire le pain 30 à 40 minutes, jusqu'à ce qu'il soit doré et bien cuit.

Note : *Ne pas garder le pain de chou-fleur au réfrigérateur plus de deux à trois jours parce que le chou-fleur cuit accélère le vieillissement des aliments et en change le goût.*

Vina Sol, Torres

Touraine, Château de La Roche

Casserole de zucchini (courgette)

Préparation : . . . . de 5 à 10 min

Cuisson : . . . . 45 min

Attente : . . . . aucune

Petit conseil : Voici une casserole parfaite pour accompagner le rôti d'agneau. Elle remplace très bien la pomme de terre.

Ingrédients :

4 zucchini de 6 à 8 po (15 à 20 cm) chacun, tranchés

1 gros oignon, tranché mince

1 tomate, en dés

1 piment vert, en julienne

1 c. à thé (5 mL) de basilic

1/2 c. à thé (2 mL) de sucre

1 c. à thé (5 mL) de sel

1/2 c. à thé (2 mL) de poivre

1 c. à soupe (15 mL) de farine

1/2 tasse (125 mL) de fromage cheddar, râpé

Préparation :

- Préchauffer la partie convexion du four à micro-ondes à 350°F (180°C).

- Beurrer copieusement un joli plat de cuisson.

- Placer la moitié des zucchini au fond du plat.

- Mélanger le basilic, le sucre, le sel, le poivre et la farine. Saupoudrer les zucchini avec un tiers du mélange.

- Couvrir de l'oignon défait en rondelles, saupoudrer légèrement du mélange d'assaisonnements.

- Recouvrir des dés de tomate, assaisonner légèrement répéter le procédé avec le piment vert.

- Recouvrir le tout du reste de zucchini et d'assaisonnements.

- Mettre quelques dés de beurre sur le dessus, au goût.

- Saupoudrer du fromage râpé.

- Couvrir et faire cuire 45 minutes. Servir.

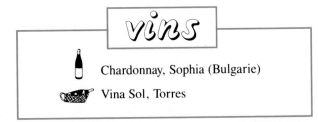

vins

Chardonnay, Sophia (Bulgarie)

Vina Sol, Torres

Courge farcie aux canneberges

Préparation : . . . .**5 min**

Cuisson : . . . .**de 40 à 60 min**

Attente : . . . .**aucune**

Petit conseil : Cette recette peut servir pour la cuisson de toutes les variétés de courges. Cette courge peut être servie comme légume pour accompagner la viande, ou comme plat principal avec du thon ou des sardines en conserve.

Ingrédients :

2 courges

1 tasse (250 mL) de canneberges, fraîches

1/2 tasse (125 mL) de cassonade

2 c. à soupe (30 mL) de margarine ou de beurre, fondu

1/2 c. à thé (2 mL) de cannelle

3 c. à soupe (50 mL) de cognac ou de rhum (facultatif)

Préparation :

• Préchauffer la partie convexion du four à micro-ondes à 400°F (200°C).

• Couper les courges en deux. Retirer les graines.

• Mélanger les canneberges, la cassonade, la margarine ou le beurre fondu et la cannelle.

• Remplir les moitiés de courges du mélange. Mettre dans un plat de cuisson peu profond.

• Verser 1/2 pouce (1,25 cm) d'eau autour des courges au fond du plat.

• Faire cuire les courges 40 à 60 minutes, selon la grosseur, ou jusqu'à ce qu'elles soient tendres.

• Soulever les courges avec soin et les placer dans un plat chaud, les arroser de cognac ou de rhum.

Courge d'hiver à l'orange

Préparation :	**10 min**
Cuisson :	**29 min**
Attente :	**5 min**

> **Petit conseil :** La durée de cuisson varie légèrement selon la grosseur de la courge. Vérifier en piquant la courge avec une fourchette.

Ingrédients :

1 courge d'hiver de 1 à 1½ lb (500 à 750 g)

le zeste d'une orange

le jus d'une demi-orange

1 c. à thé (5 mL) de sel

1/2 c. à thé (2 mL) de poivre

3 c. à soupe (50 mL) de persil, haché

2 c. à soupe (30 mL) de sirop d'érable ou de cassonade

Préparation :

- Préchauffer la partie convexion du four à micro-ondes à 400°F (200°C).

- Faire 2 à 3 incisions autour de la courge non pelée avec la pointe d'un couteau, la déposer dans une assiette à tarte.

- Placer la courge dans le four préchauffé et la faire cuire 25 minutes.

- Laisser reposer 5 minutes.

- Couper la courge en deux en longueur.

- Enlever les parties filandreuses et les graines avec une cuillère.

- Évider la courge et mettre la pulpe dans un bol avec le reste des ingrédients, réduire en purée.

- Farcir les demi-coquilles de la courge de ce mélange.

- Placer dans un plat pour cuisson aux micro-ondes.

- Réchauffer 4 minutes à « MEDIUM-HIGH » au moment de servir.

> **Petit truc :** Utiliser les pommes de terre instantanées pour épaissir la sauce. En saupoudrer quelques cuillerées sur le gras chaud. Remuer pour bien mélanger. J'utilise un fouet métallique ou un batteur à main pour obtenir une sauce légère et crémeuse.

Courge de Hubbard   3. Courge des moines   5. Courge butternut   7. Courge d'hiver   9. Citrouille
Spaghetti   4. Potiron buttercup   6. Courge sweet dumpling   8. Delicata

Tarte aux épinards

Préparation : . . . . **20 min**
Cuisson : . . . . **de 44 à 45 min**
Attente : . . . . **aucune**

Petit conseil : Cette tarte peut être préparée le matin, laissée en attente dans la cuisine, et réchauffée à 375°F (190°C) 25 à 35 minutes au moment de servir. Couvrir la pâte de papier d'aluminium si elle a tendance à dorer trop rapidement. Cette recette peut très bien être réduite de moitié pour être cuite dans une assiette à tarte ou à quiche de 8 pouces (20 cm).

Ingrédients :

**pâte à tarte de votre choix pour deux croûtes
de 10 po (25 cm)**

2 sacs d'épinards frais

2 oignons, émincés

1 lb (500 g) de jambon précuit, taillé en languettes

**1 tasse (250 mL) de fromage Parmesan ou
de cheddar fort, râpé**

1 tasse (250 mL) de fromage cottage

4 oeufs, légèrement battus

sel et poivre au goût

Préparation :

• Bien laver les épinards à l'eau froide, couper les tiges, les mettre dans un plat pour cuisson aux micro-ondes sans les égoutter, couvrir et faire cuire 5 à 6 minutes à « HIGH ».

• Retirer le plat du four.

• Préchauffer la partie convexion du four à micro-ondes à 400°F (200°C) .

• Égoutter les épinards dans une passoire, en les pressant avec une cuillère. Hacher grossièrement.

• Les mettre dans un bol, ajouter les oignons, le jambon, le fromage cheddar ou Parmesan et le fromage cottage, les oeufs, sel et poivre au goût. Bien mélanger.

• Tapisser de pâte le fond d'une assiette à tarte ou à quiche.

• Badigeonner le fond de pâte avec un blanc d'oeuf légèrement battu pour éviter que la pâte ne soit détrempée.

• Verser le mélange des épinards et recouvrir d'une croûte.

• Badigeonner le dessus avec le reste du blanc d'oeuf battu pour faire dorer la pâte.

• Faire cuire la tarte 40 minutes, jusqu'à ce que la pâte soit dorée. Servir.

Navet à la française

Préparation :	10 min
Cuisson : le mets :	25 min
la sauce :	de 3 à 4 min
Attente :	aucune

• Une excellente recette pour varier la présentation du navet.

Ingrédients :

2 tasses (500 mL) de navet cuit, en purée

1 oeuf

2 c. à soupe (30 mL) de beurre

une pincée de sarriette

sel et poivre au goût

La sauce

3 c. à soupe (50 mL) de beurre

3 c. à soupe (50 mL) de farine

1 tasse (250 mL) de lait

sel et poivre au goût

1/2 tasse (125 mL) de fromage, râpé

Préparation :

• Mélanger le navet, l'oeuf, le beurre, la sarriette, le sel et le poivre. Bien remuer. Mettre dans un plat de cuisson.

Faire la sauce

• Faire fondre le beurre dans un bol pour cuisson aux micro-ondes 1 minute à « HIGH ».

• Ajouter la farine, bien mélanger, ajouter le lait, bien remuer.

• Faire cuire 3 minutes à « MEDIUM-HIGH ».

• Remuer pour vérifier la cuisson, saler et poivrer au goût.

• Faire cuire encore 30 secondes à 1 minute à « MEDIUM-HIGH », s'il y a lieu. Remuer.

• Verser la sauce sur le navet, saupoudrer de fromage râpé.

• Préchauffer la partie convexion du four à micro-ondes à 400°F (200°C).

• Faire cuire 25 minutes ou jusqu'à ce que le fromage soit fondu.

Oignons entiers cuits au four

Préparation : . . . . **de 5 à 10 min**	
Cuisson : . . . . **de 20 à 30 min**	
Attente : . . . .**aucune**	

• Si vous aimez les oignons cuits au four, faites-les cuire par convexion.

Ingrédients :

6 à 8 oignons moyens *ou*
25 à 30 petits oignons

1/2 c. à thé (2 mL) de sucre

sel et poivre au goût

1/4 de c. à thé (1 mL) de graines d'aneth (facultatif)

1 c. à soupe (15 mL) de beurre

Préparation :

• Préchauffer la partie convexion du four à micro-ondes à 400°F (200°C).

• Peler les oignons.

• Les mettre sur une feuille de papier d'aluminium.

• Les saupoudrer du sucre, de sel et de poivre au goût, de graines d'aneth et de dés de beurre.

• Bien envelopper.

• Placer sur la lèchefrite du four.

• Faire cuire à l'étuvée de 20 à 30 minutes, selon la grosseur des oignons.

Oignons de la Côte d'Azur

Préparation :	. . . .**3 min**
Cuisson :	. . . .**1 h**
Attente :	. . . .**aucune**

Petit conseil : Voici le légume par exellence pour accompagner le poulet rôti et le porc ou le poisson poché.

Ingrédients :

6 gros oignons entiers, pelés

le zeste râpé d'une orange

3 ou 4 c. à soupe (50 ou 60 mL) de cassonade

sel

6 minces tranches d'orange, pelées

muscade ou cardamome, moulue

1/2 tasse (125 mL) de jus d'orange

Préparation :

• Préchauffer la partie convexion du four à micro-ondes à 350°F (180°C).

• Placer les oignons entiers dans un plat de cuisson beurré. Saupoudrer chacun de zeste d'orange, de cassonade et de sel.

• Mettre une tranche d'orange sur chaque oignon.

• Saupoudrer de muscade ou de cardamome.

• Verser le jus d'orange dans le plat.

• Faire cuire 1 heure, jusqu'à ce que les oignons soient dorés.

• Ajouter du jus d'orange, s'il y a lieu.

Pommes de terre Delmonico

Préparation : . . . .**30 min**

Cuisson : . . . .**de 47 à 49 min**

Attente : . . . .**aucune**

Petit conseil : Ces pommes de terre crémeuses sont recouvertes d'une croûte dorée et croustillante. Elles sont excellentes avec le poulet.

Ingrédients :

6 pommes de terre moyennes

3 c. à soupe (50 mL) de beurre ou de margarine

1 oignon moyen, haché fin

1 tasse (250 mL) de crème légère

2 c. à soupe (30 mL) de persil, émincé

1/2 c. à thé (2 mL) de paprika

1/4 de c. à thé (1 mL) de sel

1/4 de c. à thé (1 mL) de poivre frais, moulu

1/4 de tasse (60 mL) de chapelure grossière

1 c. à soupe (15 mL) de beurre ou de margarine

Préparation :

• Brosser les pommes de terre à l'eau froide courante.

• Percer chacune avec la pointe d'un couteau.

• Les mettre en cercle sur une claie allant au four à micro-ondes.

• Faire cuire à « HIGH » 14 à 16 minutes, en vérifiant la cuisson avec la pointe d'un couteau après 14 minutes. Laisser refroidir 5 minutes.

• Peler et tailler les pommes de terre en cubes. Mettre de côté.

• Faire fondre le beurre ou la margarine dans un bol pour cuisson aux micro-ondes 1 minute à « HIGH ».

• Ajouter l'oignon, remuer et faire cuire 2 minutes à « HIGH ». Retirer du four.

• Ajouter le reste des ingrédients, sauf la chapelure et la cuillerée à soupe (15 mL) de beurre ou de margarine.

• Ajouter les pommes de terre en remuant.

• Faire fondre la cuillerée à soupe (15 mL) de beurre ou de margarine dans un bol pour cuisson aux micro-ondes 40 secondes à « HIGH ».

• Ajouter la chapelure, remuer. Faire cuire 1 minute à « HIGH ».

• Saupoudrer sur les pommes de terre.

• Préchauffer la partie convexion du four à micro-ondes à 350°F (180°C).

• Faire cuire les pommes de terre au four 30 minutes.

Pommes de terre à la savoyarde

Préparation :	**15 min**
Cuisson :	**1 h**
Attente :	**aucune**

• Ce sont de minces tranches de pomme de terre et de céleri-rave cuites dans un bouillon de poulet. Un plat léger et savoureux ! Le dessus est doré.

Ingrédients :

4 tasses (1 L) de pommes de terre, tranchées mince

1 céleri-rave moyen, tranché mince

1/4 de c. à thé (1 mL) de muscade

1 c. à thé (5 mL) de sel

1/4 de c. à thé (1 mL) de poivre

3 c. à soupe (50 mL) de beurre

3 tasses (750 mL) de bouillon de poulet

Préparation :

• Préchauffer la partie convexion du four à micro-ondes à 350°F (180°C).

• Peler et trancher les pommes de terre et le céleri-rave dans deux bols séparés.

• Mélanger la muscade, le sel et le poivre.

• Dans un plat de cuisson au four, faire des couches alternées de pommes de terre et de céleri-rave, en saupoudrant chaque rang légèrement du mélange assaisonné et de quelques dés de beurre.

• Verser le bouillon de poulet sur le tout.

• Faire cuire 1 heure, sans couvrir.

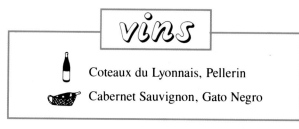

vins

Coteaux du Lyonnais, Pellerin

Cabernet Sauvignon, Gato Negro

Pâté aux pommes de terre

Préparation : . . . . **de 10 à 20 min**
Cuisson : . . . . **de 50 à 60 min**
Attente : . . . . **aucune**

Petit conseil : Un pâté intéressant et nourrissant qui nous vient de la cuisine normande. Le dessus du pâté est gratiné et l'intérieur, blanc et crémeux. L'accompagner d'une salade verte.

Ingrédients :

Pâte non sucrée au choix pour un fond de tarte

4 grosses pommes de terre ou 5 moyennes, pelées

3 oeufs, légèrement battus

4 c. à soupe (60 mL) de margarine ou de beurre, mou

1 c. à thé (5 mL) de sel

poivre au goût

1/2 c. à thé (2 mL) de sarriette ou d'origan

Préparation :

- Tapisser le fond d'une assiette à tarte de 9 po (23 cm) de la pâte choisie.

- Placer au réfrigérateur jusqu'au moment de l'utilisation.

- Préchauffer la partie convexion du four à micro-ondes à 350°F (180°C).

- Râper les pommes de terre dans un bol d'eau froide pour éviter l'oxydation.

- Lorsqu'elles sont râpées, les égoutter dans une passoire, en pressant sur les pommes de terre pour en extraire l'eau.

- Les mesurer, il en faut 3 tasses (750 mL).

- Ajouter les oeufs, le beurre ou la margarine, le sel, le poivre au goût et la sarriette ou l'origan. Bien mélanger.

- Verser dans le fond de tarte préparé.

- Badigeonner le dessus d'un peu de beurre mou.

- Faire cuire de 50 à 60 minutes ou jusqu'à la formation d'une belle croûte dorée sur le dessus.

- Servir chaud.

 Côtes du Frontonnais,
Château Bellevue-La Forêt
 Coteaux d'Aix-en-Provence, Terres Blanches

Tomates grillées

Préparation : . . . . **5 min**
Cuisson : . . . . **de 5 à 7 min**
Attente : . . . . **aucune**

Petit conseil : C'est lorsque les tomates sont en saison que je les préfère chaudes. Ne pas préparer cette recette avec les tomates d'hiver, elles contiennent trop d'eau.

Ingrédients :

6 tomates moyennes, mûres et fermes

sucre

1/2 c. à thé (2 mL) de thym ou de basilic

sel et poivre au goût

1/4 de tasse (60 mL) d'huile d'olive ou végétale

3/4 de tasse (190 mL) de chapelure fine

Préparation :

• Préchauffer le four à micro-ondes à « BROIL », en suivant les instructions du manuel d'utilisation du four.

• Couper les tomates en deux en largeur et les pincer légèrement pour en extraire les graines et le plus de jus possible sans les déformer.

• Saupoudrer chaque moitié d'une bonne pincée de sucre.

• Mélanger le thym ou le basilic avec le sel et le poivre au goût.

• Ajouter l'huile et la chapelure. Remuer pour bien mélanger. Saupoudrer également sur les demi-tomates.

• Faire griller les tomates 5 à 7 minutes, ou jusqu'à ce qu'elles soient légèrement dorées sur le dessus.

Pouding à la sauce aux tomates

Préparation :	. . . . .5 min
Cuisson :	. . . . .27 min
Attente :	. . . . .aucune

Petit conseil : Cette recette est faite avec la sauce aux tomates en boîte, d'où son nom. Elle est excellente pour accompagner le steak, le rôti de boeuf ou de veau.

Ingrédients :

1 boîte de sauce aux tomates de 7 ½ oz (210 mL)

1/4 de tasse (60 mL) d'eau bouillante

1/2 tasse (125 mL) de cassonade

1/4 de c. à thé (1 mL) de sel

2 tasses (500 mL) de pain frais, sans la croûte, en cubes de 1 po (2,5 cm)

1/3 de tasse (80 mL) de beurre fondu

1 c. à thé (5 mL) de thym ou de sarriette

Préparation :

• Mélanger dans un plat pour cuisson aux micro-ondes la sauce aux tomates, l'eau bouillante, la cassonade et le sel.

• Passer aux micro-ondes 2 minutes à « HIGH ».

• Retirer le plat du four.

• Préchauffer la partie convexion du four à micro-ondes à 400°F (200°C).

• Mettre les cubes de pain dans un plat à cuisson. Y verser le beurre fondu.

• Saupoudrer de thym ou de sarriette, et verser la sauce chaude sur le tout.

• Faire cuire 25 minutes, jusqu'à ce que le dessus soit légèrement gratiné.

• Servir chaud ou à la température de la pièce.

Sauce mayonnaise à l'ancienne

Cuisson aux micro-ondes

Préparation :	**2 min**
Cuisson :	**de 4 à 5 min**
Attente :	**aucune**

Petit conseil : Cette mayonnaise était très populaire dans les années vingt et trente, avant la venue de la mayonnaise commerciale. Elle est excellente pour les salades, avec le chou ou les tomates et la laitue du jardin. La servir avec les viandes chaudes ou froides.

Ingrédients :

3 c. à soupe (50 mL) de beurre

2 c. à soupe (30 mL) de farine

1 ½ c. à thé (7 mL) de sel

1 c. à thé (5 mL) de moutarde sèche

1 c. à soupe (15 mL) de sucre

1/4 de c. à thé (1 mL) de macis

1 ¼ tasse (315 mL) de lait

2 jaunes d'oeufs

1/3 de tasse (80 mL) de vinaigre de cidre

1 tranche épaisse d'oignon

1 gousse d'ail, coupée en deux

Préparation :

• Faire fondre le beurre aux micro-ondes 40 secondes à « HIGH » dans un plat pour cuisson aux micro-ondes.

• Ajouter la farine, le sel, la moutarde, le sucre et le macis, et 1 tasse (250 mL) de lait, bien mélanger et faire cuire 2 minutes à « HIGH ». Remuer.

• Battre les jaunes d'oeufs avec le reste du lait et ajouter à la sauce. Battre au fouet.

• Ajouter le vinaigre de cidre, bien mélanger, ajouter la tranche d'oignon et l'ail.

• Faire cuire 2 minutes à « MEDIUM-HIGH », bien remuer. La sauce doit être onctueuse.

• Faire cuire 1 minute de plus, s'il y a lieu.

• Retirer l'oignon et l'ail, saler et poivrer au goût.

Le riz • Le fromage

Pilaf de riz à l'orientale

Préparation : . . . . **10 min**
Cuisson : . . . . **de 50 à 55 min**
Attente : . . . . **5 min**

Petit conseil : Ce pilaf est le mets idéal pour accompagner le canard, le gibier ou la dinde. Pour varier la recette, remplacer les raisins de Corinthe par une quantité égale d'amandes grillées, beaucoup de persil émincé, 2 ou 3 oignons verts hachés et 1 c. à thé (5 mL) de poudre de cari mélangée à 1 c. à soupe (15 mL) de cognac.

Ingrédients :

3 c. à soupe (50 mL) de margarine ou d'huile végétale

1 oignon moyen, finement haché

2 tasses (500 mL) de riz à grain long, non cuit

4 tasses (1 L) d'eau froide ou de bouillon de poulet

1 c. à thé (5 mL) de sel

1/4 de tasse (60 mL) de vin blanc ou de jus de pomme

1/4 de tasse (60 mL) de raisins de Corinthe

Préparation :

• Mettre la margarine ou l'huile végétale dans un bol pour cuisson aux micro-ondes et faire chauffer 3 minutes à « HIGH ».

• Ajouter l'oignon, faire cuire 2 minutes à « HIGH ».

• Remuer et ajouter le riz. Bien mélanger.

• Faire chauffer 3 minutes à « HIGH ».

• Remuer, ajouter l'eau froide ou le bouillon de poulet et le sel.

• Retirer du four et couvrir.

• Laisser reposer, couvert, 5 minutes.

• Préchauffer la partie convexion du four à micro-ondes à 375°F (190°C).

• Ajouter alors le vin blanc ou le jus de pomme et les raisins de Corinthe.

• Faire cuire le pilaf de 45 à 50 minutes.

• Remuer avec une fourchette et servir.

Soufflé au fromage à la française

Préparation : . . . . **20 min**
Cuisson : . . . . **de 1 h 12 à 1 h 17 min**
Attente : . . . . **aucune**

• Ce soufflé tout gonflé est un délicieux plat principal, léger et vite préparé.

Ingrédients :

1/4 tasse (60 mL) de beurre mou

1/4 tasse (60 mL) de farine

3/4 de tasse (190 mL) de lait

1/4 de tasse (60 mL) de vin blanc au choix

1/2 c. à thé (2 mL) de sel

1/4 de c. à thé (1 mL) de poivre

une pincée de muscade

1 tasse (250 mL) de fromage cheddar, râpé

1/2 c. à thé (2 mL) d'estragon (facultatif)

3 jaunes d'oeufs

6 blancs d'oeufs, battus en neige

Préparation :

• Bien étendre 1½ c. à thé (7 mL) de beurre au fond et sur les parois d'un plat à soufflé de 8 tasses (2 L).

• J'aime me servir d'un plat à soufflé de 4 tasses (1 L) autour duquel je fixe un collet de papier d'aluminium de 3 pouces (7,5 cm) de hauteur.

• Faire fondre le reste du beurre dans un bol pour cuisson aux micro-ondes 50 secondes à « HIGH ». Ajouter la farine en remuant.

• Ajouter graduellement le lait, le vin et les assaisonnements en remuant. Chauffer 2 minutes à « HIGH ».

• Ajouter le fromage. Bien remuer et passer aux micro-ondes une minute de plus, ou jusqu'à ce que la sauce épaississe. Remuer.

• Laisser refroidir 10 minutes.

• Préchauffer la partie convexion du four à micro-ondes à 350°F (180°C).

• Ajouter à la sauce les jaunes d'oeufs en battant et incorporer un quart des blancs d'oeufs à la fois. Remuer juste assez pour mélanger les blancs à la sauce ; éviter de trop remuer.

• Verser le mélange dans le plat à soufflé beurré.

• Mettre le plat dans une casserole et verser assez d'eau chaude pour atteindre le tiers de la hauteur du plat à soufflé.

• Passer le bout d'une cuillère tout autour du soufflé, ce qui le fera lever au centre pour former une couronne.

• Faire cuire le soufflé 1 h 10 à 1 h 15 min, ou jusqu'à ce qu'il soit bien gonflé, bien levé au centre, et d'un beau doré.

 Pinot Blanc, Mise de Printemps, Jos Meyer

Tokay d'Alsace, Hugel

Mousse chaude au fromage

Préparation à l'avance : . . . . . . **6 h 30 min**

Cuisson : . . . . **1 h**

Attente : . . . . **aucune**

Petit conseil : Préparez ce plat tôt le matin. Faites-le cuire au moment voulu juste avant de le servir au dîner.

Ingrédients :

8 tranches de pain

1/2 tasse (125 mL) de beurre fondu

1/2 lb (250 g) de fromage cheddar, râpé

4 oeufs

2 tasses (500 mL) de lait

1/2 c. à thé (2 mL) de sel

1/4 de c. à thé (1 mL) de poivre

1 c. à thé (5 mL) de basilic ou d'estragon

1/4 de c. à thé (1 mL) de muscade

Préparation :

- Graisser un plat de cuisson.
- Enlever les croûtes du pain.

- Tailler le pain en petits dés et en faire quatre portions égales.

- En mettre une portion dans le plat de cuisson, couvrir du quart du beurre fondu et du fromage râpé. Continuer ainsi jusqu'à l'utilisation complète du pain, du fromage et du beurre.

- Battre les oeufs, ajouter le reste des ingrédients et verser avec soin sur le pain. Il est important que le pain soit recouvert du mélange.

- Ajouter un peu de lait, s'il y a lieu.

- Couvrir et laisser reposer au moins 6 heures à la température de la pièce.

- Préchauffer la partie convexion du four à micro-ondes à 350°F (180°C) et faire cuire 1 heure.

- Le pain semble disparaître à la cuisson et le tout prend l'apparence d'une mousse.

Sylvaner, Jux

Riesling, Cuvée Martine Albrecht

Les desserts aux fruits

Quelques notes sur les agrumes

L'orange

- Ajouter au goût des dés d'orange à la laitue ou au chou de Chine.

- Ajouter le zeste d'orange râpé dans un gâteau au chocolat, le pouding au riz ou au tapioca.

- Pour obtenir un zeste, utiliser un zesteur et un canneleur, pour un zeste décoratif.

Sucre à l'orange

- Préparer du sucre à l'orange en ajoutant **le zeste râpé d'une orange à 3 c. à soupe (50 mL) de sucre**.

L'orange tout entière peut être utilisée

- Avant de presser une orange pour en extraire le jus, la laver, l'essuyer et en râper l'écorce.

- Conserver le zeste dans un contenant au congélateur. L'utiliser à volonté sans décongeler, en prenant la quantité désirée avec une cuillère à mesurer. Se conserve 5 à 6 mois.

- Bien broyer ensemble le sucre et le zeste.

- Le sucre au citron se prépare de la même manière.

- Utiliser pour parfumer les poudings, les gâteaux, les salades de fruits, la limonade, etc.

Le citron

• Le rendement moyen de l'écorce d'un citron est 1 c. à soupe (15 mL) de zeste râpé.

• Un citron moyen donne environ 2½ c. à soupe (40 mL) de jus.

• Couper un citron entier pelé en petits dés,

• ou en minces languettes pour l'ajouter à une salade de laitue. Super !

• Ajouter du zeste de citron râpé à **1/2 tasse (125 mL) de beurre** pour lui donner du piquant.

• Ajouter **1/2 c. à thé (2 mL) de jus de citron** au sucre à caraméliser, pour empêcher la cristallisation.

• Arroser de jus de citron les fraises, framboises ou bleuets frais pour en rehausser la saveur délicate.

• Le jus de citron rehausse également la saveur de l'avocat, des sardines, des oeufs sur le plat, de la mayonnaise.

• Pour avoir de belles mains blanches et douces, ou pour enlever les taches, les frotter avec la pulpe d'un citron qui a servi.

Le pamplemousse

- Le jus de pamplemousse remplace le vinaigre dans toute vinaigrette.

- Faites l'essai de sections de pamplemousse ajoutées à la salade de poulet, de crabe ou de crevettes.

- Réchauffer quelques quartiers de pamplemousse finement hachés avec une cuillerée de beurre et ajouter aux légumes de votre choix.

- Pour l'utilisation d'une écorce de pamplemousse comme contenant pour une salade ou comme coupe à fruits, couper le pamplemousse en deux.

- En retirer la pulpe et faire tremper l'écorce dans l'eau glacée durant une heure ou deux pour la raffermir et la lustrer.

Sauce
à la rhubarbe
sur fraises

Préparation à l'avance : . . . . **6 h**

Cuisson : . . . . **de 28 à 33 min**

Attente : . . . . **aucune**

Coteaux du Layon, Château Bellevue

Anjou, Moulin Touchais

> **Petit conseil :** J'aime bien les « fruits sur fruits ». Ces combinaisons ont toujours du succès et se prêtent à maintes créations pour le dessert. Pour en faire l'essai, pensez d'abord à la couleur, puis à la saveur, et en dernier lieu à la texture. Par exemple, une sauce douce à la rhubarbe versée sur des fraises juteuses donne une texture agréable. C'est rose sur rose avec une saveur fraîche de fin de printemps, au moment où la rhubarbe et les fraises sont en saison.

Ingrédients :

2 tasses (500 mL) de rhubarbe

2/3 de tasse (160 mL) de sucre

1 c. à soupe (15 mL) de fécule de maïs

le zeste râpé d'un demi-citron

**1/4 de c. à thé (1 mL) de cardamome ou
de cannelle, moulue**

1/2 tasse (125 mL) d'eau froide

le jus d'un demi-citron

4 tasses (1 L) de fraises entières

**2 c. à soupe (30 mL) de Sabra ou autre liqueur
à l'orange (facultatif)**

Préparation :

• Nettoyer la rhubarbe et la tailler en morceaux de 1/4 de po (6 mm), en mesurer 2 tasses (500 mL).

• Mélanger les 4 ingrédients suivants dans un bol et ajouter l'eau froide, remuer.

• Placer le bol au four et faire cuire, en remuant deux fois, environ 8 minutes à « HIGH » pour dissoudre le sucre.

• Préchauffer la partie convexion du four à micro-ondes à 400°F (200°C).

• Ajouter la rhubarbe, bien mélanger et faire cuire au four 20 à 25 minutes, en remuant deux fois.

• Ajouter le jus de citron. Bien remuer.

• Mettre les fraises dans un bol, y verser la liqueur, remuer avec soin avec une spatule de caoutchouc.

• Verser la rhubarbe sur les fraises, couvrir et réfrigérer 6 heures ou jusqu'au lendemain.

Pouding de campagne à la rhubarbe

Préparation :	. . . .	**20 min**
Cuisson :	. . . .	**de 25 à 30 min**
Attente :	. . . .	**aucune**

Petit conseil : Ce pâté se sert chaud ou tiède, tel quel ou accompagné de crème fouettée ou de yaourt. Il est au meilleur lorsque préparé avec la rhubarbe fraîche du printemps.

Ingrédients :

3 tasses (750 mL) de rhubarbe, en dés

1/3 de tasse (80 mL) de margarine ou de beurre, fondu

2/3 de tasse (160 mL) de sucre

1 ½ tasse (375 mL) de farine

1/4 de c. à thé (1 mL) de sel

3 c. à thé (15 mL) de poudre à pâte

1/2 tasse (125 mL) de sucre

1 oeuf

1/2 tasse (125 mL) de lait

Préparation :

- Recouvrir la rhubarbe d'eau bouillante. La laisser reposer 10 minutes. L'égoutter dans une passoire.

- Mettre 2 c. à soupe (30 mL) de margarine ou de beurre au fond d'un plat de cuisson de 6 tasses (1,5 L).

- Y saupoudrer les 2/3 de tasse (160 mL) de sucre.

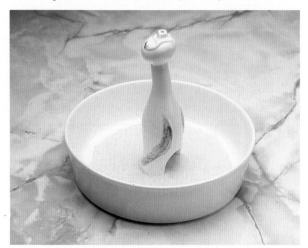

- Placer au milieu du plat un « oiseau à pouding ».

- De petits oiseaux de céramique sont vendus pour recueillir l'excédent de jus et empêcher la pâte d'être détrempée.

Une coupe, un petit verre ou un petit pot de verre renversé peuvent être utilisés.

- Verser la rhubarbe égouttée tout autour de « l'oiseau ».

- Mélanger la farine, le sel, la poudre à pâte et 1/2 tasse (125 mL) de sucre.

- Battre l'oeuf avec le lait.

- Mettre le reste de la margarine ou du beurre dans un plat pour cuisson aux micro-ondes, faire fondre 1 minute à « HIGH ».

- Mélanger avec les ingrédients secs, puis verser à la cuillère sur la rhubarbe pour la recouvrir complètement.

- Préchauffer la partie convexion du four à micro-ondes à 400°F (200°C).

- Faire cuire 25 à 30 minutes, jusqu'à ce que le dessus soit doré.

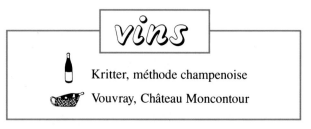

vins

Kritter, méthode champenoise

Vouvray, Château Moncontour

Pouding Honolulu

Préparation : . . . . **10 min**

Cuisson : . . . . **30 min**

Attente : . . . . **aucune**

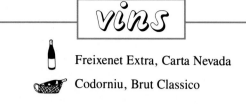

vins

Freixenet Extra, Carta Nevada

Codorniu, Brut Classico

Petit conseil : Toute personne qui a visité Honolulu aura sans doute dégusté ce pouding, qui est toujours apprêté avec la noix de coco fraîchement râpée et le liquide qui en provient. Il est délicieux. La noix de coco fraîche peut être remplacée par la noix de coco râpée que l'on achète. La texture n'est pas la même, mais la saveur demeure très agréable.

2 c. à soupe (30 mL) de beurre, fondu

1 tasse (250 mL) de lait

1 tasse (250 mL) de raisins

1/2 tasse (125 mL) de sucre

2 jaunes d'oeufs

1 c. à thé (5 mL) de vanille

Ingrédients :

1 tasse (250 mL) de noix de coco, fraîchement râpée

3 c. à soupe (50 mL) de pain, en dés

Préparation :

• Préchauffer la partie convexion du four à micro-ondes à 425°F (215°C).

• Mélanger tous les ingrédients et les verser dans un plat de cuisson.

• Faire cuire le pouding au four 30 minutes.

Charlotte aux poires

Préparation : . . . . **10 min**

Cuisson : . . . . **de 35 à 40 min**

Attente : . . . . **aucune**

> **Petit conseil :** Ce dessert ancien est toujours un régal. Des poires tranchées en boîte, bien égouttées, peuvent remplacer les poires fraîches.

Ingrédients :

2 tasses (500 mL) de poires fraîches, pelées, tranchées mince

le zeste râpé et le jus d'une orange

une pincée de coriandre ou de clous de girofle moulus

1/4 de tasse (60 mL) de margarine ou de beurre, fondu

3 jaunes d'oeufs, battus

3 c. à soupe (50 mL) de miel

3 c. à soupe (50 mL) de cassonade

3 blancs d'oeufs

1½ tasse (375 mL) de mie de pain frais

Préparation :

• Préchauffer la partie convexion du four à micro-ondes à 350°F (180°C).

• Mélanger dans un bol les poires, le zeste et le jus d'orange, la coriandre ou les clous, la margarine ou le beurre fondu, les jaunes d'oeufs, le miel et la cassonade.

• Battre les blancs d'oeufs en neige.

• Ajouter la mie de pain en remuant délicatement. Incorporer au mélange des poires.

• Verser dans un plat de cuisson bien beurré de 8 pouces (20 cm).

• Faire cuire 35 à 40 minutes, jusqu'à ce que le mélange soit gonflé et doré.

vins

Sainte-Croix du Mont, Château Coulac

Sauternes, Château les Justices

Tranches de pommes
Cuisson au gril

Préparation :

• Enlever le coeur des pommes sans les peler et les couper en tranches épaisses.

La marinade
• Mélanger **3/4 de tasse (190 mL) de sauce de soja japonaise, 3/4 de tasse (190 mL) de jus d'ananas, 3 c. à soupe (50 mL) de sucre.**

• Mettre les tranches de pommes dans la marinade pour au moins une heure.

• Préchauffer le four à « BROIL », en suivant les instructions du manuel d'utilisation du four.

• Retirer les tranches de pommes de la marinade et les disposer sur la clayette.

• Faire griller 2 à 3 minutes de chaque côté.

Pommes à la suédoise
Cuisson au gril

Préparation :

• Préparer les pommes tel que dit plus haut.

• Mélanger **3 c. à soupe (50 mL) de cassonade** avec **1/2 c. à thé (2 mL) de cardamome moulue** ou **de cannelle.**

• Faire griller d'un côté, retourner les tranches de pommes et les saupoudrer du mélange.

• Les faire griller 2 minutes, les retourner, et les faire griller 1 minute de plus.

Moitiés de pamplemousse
Cuisson au gril

Préparation :

• Couper le pamplemousse en deux et détacher légèrement les sections de la peau et des membranes.

• Saupoudrer de **sucre** au goût.

• Parsemer de **dés de beurre** et verser sur chaque moitié **1 c. à soupe (15 mL) de rhum**.

• Disposer sur la clayette et faire griller environ 7 à 9 minutes, ou jusqu'à ce que l'intérieur soit chaud.

Pâte tendre et feuilletée

Préparation à l'avance : . . . . **de 3 à 8 h**

Cuisson : . . . . **aucune**

Attente : . . . . **aucune**

Petit conseil : Avec cette recette j'obtiens une pâte tendre et feuilletée, riche et savoureuse, facile à travailler et qui retient bien sa forme à la cuisson. Voici à mon avis la meilleure pâte tout usage qui soit. Faites-en l'essai, particulièrement s'il vous a toujours semblé difficile de faire une bonne pâte. Elle cuit à la perfection dans la partie convexion du four à micro-ondes. Les ingrédients en italique sont le secret du succès.

Ingrédients :

2 tasses (500 mL) de *farine tout usage*

1 c. à soupe (15 mL) de sucre

1/2 c. à thé (2 mL) de poudre à pâte

1/2 c. à thé (2 mL) de sel

1/3 de tasse (80 mL) de *saindoux*

1/3 de tasse (80 mL) de *beurre froid*

1 oeuf, battu légèrement

1 c. à soupe (15 mL) de *jus de citron frais*

1 c. à soupe (15 mL) de lait

Préparation :

• Tamiser ensemble dans un bol la farine, le sucre, la poudre à pâte et le sel.

• *Ensuite le beurre jusqu'à ce qu'il atteigne la grosseur de petits pois.*

• IL NE FAUT PAS TROP TRAVAILLER LA PÂTE, IL VAUT MIEUX MOINS QUE TROP.

• Mélanger l'oeuf légèrement battu, le jus de citron et le lait, ce qui pourrait donner de 5 à 6 c. à soupe (75 à 90 mL) de liquide. S'il n'y a pas assez de liquide lorsqu'il aura été ajouté aux ingrédients secs, ajouter du lait, seulement 1 c. à thé (5 mL) à la fois.

• Certaines personnes trouvent difficile d'ajouter le liquide aux ingrédients secs parce que les mesures exactes ne sont pas données. Comme la texture de la farine varie d'une marque à l'autre, il est impossible de fournir la quantité exacte du liquide requis pour faire une pâte parfaite.

• *Y couper le saindoux jusqu'à consistance de miettes de pain grossières.*

- Commencez avec **5 c. à soupe (75 mL)**, en ajoutant le liquide **1 c. à soupe (15 mL) à la fois**, en versant chaque fois sur une portion différente des ingrédients secs, ce qui forme des petites masses humides de particules grasses enfarinées.

- Mélanger avec une fourchette. Au fur et à mesure, les portions non humides ressortent dans le mélange.

- Lorsque les 5 c. à soupe (75 mL) ont été mélangées, il faudra peut-être **une cuillerée à soupe (15 mL) de plus de lait**. En ajouter **1 c. à thé (5 mL) à la fois** jusqu'à ce que tous les ingrédients secs aient été humectés.

- Ramasser alors la pâte du bout des doigts. SI ELLE EST MALLÉABLE SANS ÊTRE COLLANTE, SANS SE DÉSAGRÉGER, ELLE EST À POINT.

- Former la pâte en une boule, l'envelopper et la réfrigérer de 3 à 8 heures.

- Diviser la pâte en deux.

- Abaisser la pâte, en tapisser une assiette à tarte et la faire refroidir de nouveau 30 minutes. (Il n'est pas nécessaire de faire refroidir la croûte du dessus.)

- La faire cuire selon les directives.

- Cette pâte cuit d'un beau doré dans la partie convexion du four à micro-ondes préchauffée à 400°F (200°C).

Rendement

Une tarte à deux croûtes de 9 po (23 cm) ou deux fonds de tarte de 9 po (23 cm) ou 16 tartelettes.

Fond de tarte aux biscuits à la vanille

Préparation :	**10 min**
Cuisson :	**10 min**
Attente :	**1 h**

- Pour les tartes aux fruits, ce fond de tarte est plus léger que celui aux biscuits graham.

Ingrédients :

1 ½ tasse (375 mL) de biscuits à la vanille, écrasés

1/4 de tasse (60 mL) de sucre à fruits

1/3 de tasse (80 mL) de beurre fondu

1 c. à thé (5 mL) de brandy

Préparation :

- Préchauffer la partie convexion du four à micro-ondes à 325°F (160°C).

- Mélanger tous les ingrédients et les presser dans une assiette à tarte de 8 ou 9 po (20 ou 23 cm) légèrement beurrée.

- Faire cuire le fond de tarte 10 minutes.

- Laisser reposer au moins 1 heure avant d'y verser la garniture.

Pâte à tarte
à la moderne

• Cette méthode moderne de faire la pâte est la plus facile, aussi bien pour la préparation du mélange que pour la manipulation. Cependant, elle n'a pas la délicate texture feuilletée de la « pâte tendre et feuilletée ».

> **Petit conseil :** J'utilise ce genre de pâte avec une garniture riche, épicée, telle que la citrouille, le mincemeat et la tarte aux pommes épicée. Cette pâte donne le même rendement que la « pâte tendre et feuilletée ».

Ingrédients :

2 tasses (500 mL) de farine tout usage

1 c. à thé (5 mL) de sel

1/2 tasse (125 mL) d'huile végétale

1/4 de tasse (60 mL) de lait froid

Préparation :

• Préchauffer la partie convexion du four à micro-ondes à 400°F (200°C).

• Tamiser la farine et le sel dans un bol.

• Ajouter l'huile végétale au lait et verser d'un seul coup dans la farine.

• *Remuer délicatement,* avec une fourchette, pour obtenir un mélange bien homogène qui forme une boule de pâte.

• Enfariner vos mains, ramasser la boule de pâte, la diviser en deux, abaisser chaque moitié et la placer sur un

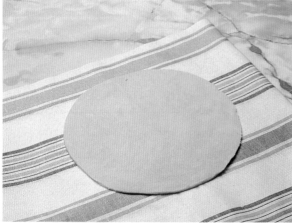

papier ciré enfariné ou un linge à pâtisserie. (Il n'est pas nécessaire de faire refroidir cette pâte.)

• Pour abaisser cette pâte avec plus de facilité, la placer entre deux feuilles de papier ciré.

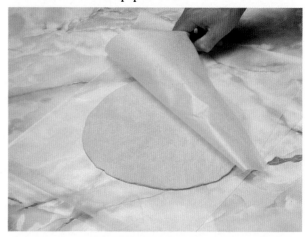

• Lorsque la première est abaissée, je retire le papier du dessus, je renverse celui du dessous avec la pâte sur

l'assiette à tarte et j'enlève le papier avec soin. Cela semble difficile à expliquer, mais c'est facile à réaliser.

• Disposer la pâte dans l'assiette, y verser la garniture et répéter le procédé pour la croûte du dessus.

• Faire cuire les croûtes de tarte et de tartelettes 10 à 14 minutes environ.

Tarte à la rhubarbe estivale

Préparation :	. . . .**20 min**
Cuisson :	. . . .**40 min**
Attente :	. . . .**aucune**

> **Petit conseil :** Il est essentiel de faire cette tarte avec de la rhubarbe fraîche, car la rhubarbe surgelée ne donne pas le même résultat. Le jus d'orange peut toutefois remplacer le jus de citron.

Ingrédients :

la pâte au choix pour deux croûtes

1 tasse (250 mL) de sucre

1 c. à soupe (15 mL) de zeste d'orange, râpé

1 c. à soupe (15 mL) de farine

1 ½ c. à soupe (22 mL) de crème de blé

1/2 c. à thé (2 mL) de sel

3 tasses (750 mL) de rhubarbe fraîche, en dés

1 c. à soupe (15 mL) de jus de citron

1 c. à soupe (15 mL) de beurre fondu

Préparation :

• Préchauffer la partie convexion du four à micro-ondes à 400°F (200°C).

• Tapisser de pâte le fond d'une assiette à tarte.

• Bien mélanger le reste des ingrédients. Les verser dans le fond de tarte.

• Recouvrir de pâte.

• Faire cuire la tarte 40 minutes au four préchauffé.

Touraine, Blanc Foussy

Crémant d'Alsace, Cuvée Julien

Tarte aux bleuets

Préparation : . . . . **15 min**

Cuisson : . . . . **de 25 à 35 min**

Attente : . . . . **aucune**

> **Petit conseil :** Les framboises et les fraises tranchées remplacent très bien les bleuets. La crème de blé fait ressortir toute la saveur des fruits, quels qu'ils soient.

Ingrédients :

pâte à tarte pour deux croûtes

2 c. à thé (10 mL) de farine

1/4 de tasse (60 mL) de sucre

un soupçon de quatre-épices

2 tasses (500 mL) de bleuets

2 c. à soupe (30 mL) de crème de blé

Préparation :

- Préchauffer la partie convexion du four à micro-ondes à 425°F (215°C).

- Tapisser de pâte le fond d'une assiette à tarte.

- Saupoudrer la farine sur la pâte, saupoudrer ensuite de sucre et de quatre-épices.

- Verser les bleuets sur le tout.

- Saupoudrer de crème de blé.

- Recouvrir de pâte.

- Mettre la tarte au four et faire cuire 25 à 35 minutes ou jusqu'à ce que le dessus soit doré.

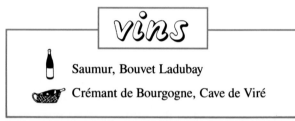

vins

Saumur, Bouvet Ladubay

Crémant de Bourgogne, Cave de Viré

Tarte aux poires

• J'ai reçu cette délicieuse recette de tarte par la poste il y a très longtemps. Malheureusement, je ne sais plus de qui elle me vient, mais elle est devenue une de mes tartes d'automne préférées. Je recommande d'en faire l'essai, surtout par la cuisson par convexion au four à micro-ondes.

Ingrédients :

3/4 de tasse (190 mL) de sucre

1/4 de tasse (60 mL) de farine

1/4 de c. à thé (1 mL) de muscade

une pincée de sel

3 tasses (750 mL) de poires fraîches, pelées et tranchées

1 c. à thé (5 mL) de zeste de citron, râpé

2 c. à soupe (30 mL) de jus de citron

pâte à tarte pour un fond de tarte de 8 po (20 cm)

La garniture

1/4 de tasse (60 mL) de sucre

3 c. à soupe (50 mL) de farine

une pincée de cannelle

2 c. à soupe (30 mL) de beurre mou

Préparation :

• Préchauffer la partie convexion du four à micro-ondes à 425°F (215°C).

• Mélanger le sucre, la farine, la muscade et le sel.

• Ajouter les poires tranchées, le zeste et le jus de citron. Remuer le tout. Verser dans le fond de tarte non cuit.

• Mélanger tous les ingrédients de la garniture et les saupoudrer sur les poires.

• Garnir au goût de moitiés de poires additionnelles disposées sur la garniture.

• Faire cuire la tarte 35 minutes.

vins

Serriger Konig, Auslese, Mosel-Saar-Ruwer

Sauternes, Château Rieussec

Tarte à la crème sure

Préparation :	**15 min**
Cuisson :	**30 min**
Attente :	**aucune**

• Que le nom de cette tarte ne vous empêche pas de la faire, elle est crémeuse et délicieuse.

Ingrédients :

1 tasse (250 mL) de crème sure

2 jaunes d'oeufs

1 c. à thé (5 mL) de vanille ou de rhum

1 c. à soupe (15 mL) de beurre fondu

1/4 de c. à thé (1 mL) de sel

1 tasse (250 mL) de cassonade

1 c. à soupe (15 mL) de farine

Préparation :

• Préchauffer la partie convexion du four à micro-ondes à 400°F (200°C).

• Mélanger tous les ingrédients dans un bol pour l'obtention d'un mélange lisse et crémeux.

• Verser dans un fond de tarte de votre choix.

• Mettre la tarte au four et la faire cuire 30 minutes, ou jusqu'à ce que le dessus soit d'un beau doré.

Blanquette de Limoux, Sieur d'Arque

Spumante, Il Grigio

Tarte à la crème sure aux dattes

Préparation :	**25 min**
Cuisson :	**40 min**
Attente :	**aucune**

• Cette tarte attrayante et exquise n'est pas indiquée pour les personnes désireuses de réduire les calories au minimum.

Ingrédients :

pâte à tarte au choix

1 tasse (250 mL) de dattes, hachées

1 oeuf, légèrement battu

1 tasse (250 mL) de crème sure

3/4 de tasse (190 mL) de cassonade

1/2 tasse (125 mL) de noix, hachées

1 c. à soupe (15 mL) de brandy ou de rhum

une pincée de sel

1/2 c. à thé (2 mL) de muscade

Préparation :

• Préchauffer la partie convexion du four à micro-ondes à 350°F (180°C).

• Tapisser de pâte le fond d'une assiette à tarte.

• Mélanger tous les autres ingrédients jusqu'à l'obtention d'un mélange crémeux.

• Verser dans la pâte, recouvrir de bandelettes de pâte entrecroisées.

• Badigeonner de crème ou de lait.

• Mettre la tarte au four et la faire cuire 40 minutes, ou jusqu'à ce que la garniture soit prise. Vérifier la cuisson avec une fourchette.

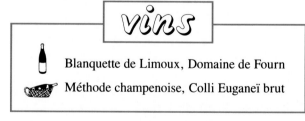

Blanquette de Limoux, Domaine de Fourn

Méthode champenoise, Colli Euganeï brut

Tarte aux pommes de Noël à la hollandaise

Préparation :	. . . . **15 min**
Cuisson :	. . . . **de 40 à 45 min**
Attente :	. . . . **laisser tiédir**

- Cette tarte éveille en mon esprit de nombreux souvenirs, car c'est à Amsterdam, après la guerre, que j'ai appris à la faire.

Ingrédients :

pâte à tarte

3 tasses (750 mL) de pommes pelées, le coeur enlevé et coupées en huit

1/4 de tasse (60 mL) de raisins secs

1 tasse (250 mL) de canneberges fraîches

1 tasse (250 mL) de cassonade

1/4 de tasse (60 mL) de graisse végétale ou de beurre

1/4 de tasse (60 mL) de farine ou de chapelure

1/2 tasse (125 mL) d'amandes, moulues

1 c. à thé (5 mL) de cannelle

1/4 de tasse (60 mL) de crème sure

Asti Spumante, Gancia

Champagne, Cuvée du dessert, Charles Lafite

Préparation :

- Préchauffer la partie convexion du four à micro-ondes à 375°F (190°C).

- Tapisser de pâte une assiette à tarte de 9 po (23 cm), pincer le bord tout autour.

- Disposer les pommes, les raisins et les canneberges dans le fond de tarte non cuit.

- Mélanger la cassonade, la graisse végétale ou le beurre, la farine ou la chapelure, les amandes et la cannelle pour obtenir un mélange granuleux. Saupoudrer sur les pommes.

- Recouvrir de la crème sure.

- Mettre la tarte au four et faire cuire 40 à 45 minutes.

- La servir tiède.

Tarte aux pommes des Fêtes

Préparation :	. . . . **20 min**
Cuisson :	. . . . **de 40 à 50 min**
Attente :	. . . . **aucune**

• Faites des heureux avec cette tarte de Noël au mincemeat. La combinaison des pommes, du mincemeat, du rhum et du zeste d'orange en fait une tarte des grands jours.

Ingrédients :

4 tasses (1 L) de pommes, pelées et tranchées mince

2 tasses (500 mL) de mincemeat

1 c. à soupe (15 mL) de brandy ou de rhum

le zeste râpé d'une orange

1/4 de tasse (60 mL) de cassonade

2 c. à thé (10 mL) de fécule de maïs

pâte à tarte

Préparation :

• Préchauffer la partie convexion du four à micro-ondes à 400°F (200°C).

• Tapisser de pâte une assiette à tarte.

• Mélanger les pommes, le mincemeat et le brandy ou le rhum. Verser dans la pâte.

• Mélanger le zeste d'orange, la cassonade et la fécule de maïs. Verser sur le mincemeat.

• Recouvrir de pâte.

• Mettre la tarte au four et la faire cuire 40 à 50 minutes ou jusqu'à ce que le dessus soit d'un beau doré.

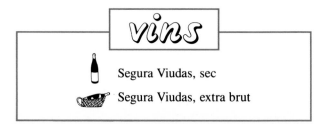

vins

Segura Viudas, sec

Segura Viudas, extra brut

Pâté aux pommes au whisky

Préparation : . . . .**20 min**
Cuisson : . . . .**de 30 à 35 min**
Attente : . . . .**aucune**

● Cette tarte est l'une de mes préférées et a fait de moi une fervente du whisky irlandais. Mais, en toute sincérité, je dois avouer que le rhum est aussi excellent dans cette recette.

Ingrédients :

8 à 10 pommes

1/4 de tasse (60 mL) de beurre fondu

1 tasse (250 mL) de sucre

le zeste râpé et le jus d'une orange

1/4 de tasse (60 mL) de whisky irlandais ou de rhum

pâte au choix pour recouvrir le pâté

Préparation :

● Préchauffer la partie convexion du four à micro-ondes à 450°F (230°C).

● Peler les pommes et les couper en huit. Les entasser dans un plat de cuisson de 2 po (5 cm) de profondeur.

● Mélanger le beurre fondu, le sucre, le zeste et le jus d'orange aux pommes en remuant.

● Abaisser la pâte (pas trop mince). L'étendre sur les pommes, la presser sur les bords et l'égaliser. Faire trois ouvertures dans la pâte.

● Mettre la tarte au four et la faire cuire 30 à 35 minutes, ou jusqu'à ce qu'elle soit bien dorée.

● Retirer la tarte du four et verser également du whisky ou du rhum dans chaque ouverture, à l'aide d'un entonnoir.

● Servir la tarte chaude ou tiède accompagnée de crème épaisse ou de yaourt.

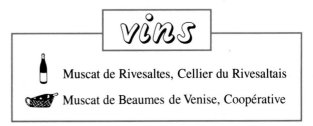

Muscat de Rivesaltes, Cellier du Rivesaltais

Muscat de Beaumes de Venise, Coopérative

Garniture surgelée aux cerises

Préparation : . . . . .45 min

Cuisson : . . . . .1 h

Attente : . . . . .aucune

• Au fur et à mesure que chaque variété de cerises est en abondance sur nos marchés, j'en profite et je fais une provision de cette garniture que je place dans mon congélateur. Je puis alors en tout temps régaler ma famille et mes amis d'une délicieuse tarte aux cerises.

Ingrédients :

6 tasses (1,5 L) de sucre

1 c. à soupe (15 mL) de jus de citron frais

16 tasses (4 L) de cerises, dénoyautées

3/4 de tasse (190 mL) de tapioca à cuisson rapide

1 c. à thé (5 mL) de sel

1/4 de c. à thé (1 mL) de macis

Préparation :

• Mélanger le sucre et le jus de citron, ajouter le reste des ingrédients et bien remuer.

• Tapisser quatre assiettes à tarte de 8 po (20 cm) de papier d'aluminium fort, en laissant dépasser environ 5 po (13 cm) en dehors de l'assiette.

• Répartir le mélange également dans les assiettes à tarte.

• Replier le papier délicatement sur le dessus et placer au congélateur jusqu'à ce que les garnitures soient fermes. Vérifier quelques fois.

• Lorsqu'elles sont bien gelées, les retirer des assiettes, bien recouvrir du papier d'aluminium, en ajoutant une feuille de plus sur le dessus, s'il y a lieu.

• Noter le contenu et la date. Remettre au congélateur.

• Cette garniture se conserve jusqu'à 8 mois dans un grand congélateur, mais seulement 2 mois dans le congélateur du réfrigérateur.

La cuisson

• Préchauffer la partie convexion du four à micro-ondes à 425°F (215°C).

• Développer la garniture, sans la décongeler.

• Placer la garniture de 8 po (20 cm) dans une assiette à tarte de 9 po (23 cm) recouverte de pâte.

• Parsemer le dessus de **1 ou 2 c. à soupe (15 ou 30 mL) de beurre,** recouvrir de pâte, pincer le bord.

• Faire des incisions sur le dessus de la pâte.

• Faire cuire la tarte environ 1 heure, ou jusqu'à ce que le dessus soit doré et que la garniture bouillonne.

Bâtonnets aux biscuits Graham

Préparation :	. . . . **6 min**
Cuisson :	. . . . **10 min**
Attente :	. . . . **aucune**

• Une délicieuse gourmandise. Biscuits ou bonbons, à votre choix. Facile à conserver dans une boîte de métal bien fermée.

Ingrédients :

24 à 25 biscuits Graham

1 tasse (250 mL) de beurre ou de margarine

3/4 tasse (190 mL) de cassonade, bien tassée

1/2 tasse (125 mL) d'amandes blanchies ou de noix de Grenoble, hachées

Préparation :

• Mettre le beurre ou la margarine dans un bol pour cuisson aux micro-ondes et faire fondre 1 minute à HIGH.

• Ajouter la cassonade, brasser et faire fondre aux micro-ondes 1 à 2 minutes à HIGH.

• Retirer du four et bien brasser.

• Préchauffer la partie convexion du four à micro-ondes à 350°F (180°C).

• Étaler les biscuits au fond de la lèchefrite du four ou d'une plaque à biscuits avec un rebord.

• Bien brasser le mélange fondu et verser sur les biscuits. L'étendre uniformément avec une spatule.

• Saupoudrer les amandes ou les noix de Grenoble sur le tout. Faire cuire 10 minutes ou jusqu'à l'obtention d'un beau doré.

• Retirer du four, laisser reposer quelques minutes et tailler en bâtonnets.

• Retirer de la lèchefrite ou de la plaque à biscuits avec une spatule large.

• Disposer sur un papier ciré et laisser refroidir sur une grille.

Biscuits
à la confiture

Préparation : . . . . **20 min**

Cuisson : . . . . **de 16 à 18 min**

Attente : . . . .**aucune**

• Ces petits biscuits sablés remplis de confiture sont des plus élégants.

Ingrédients :

1 tasse (250 mL) de beurre mou

1/3 de tasse (80 mL) de sucre

2 oeufs, légèrement battus

2 tasses (500 mL) de farine

1 c. à thé (5 mL) de poudre à pâte

**1/3 de tasse (80 mL) de confiture de framboises
ou de marmelade**

Préparation :

• Préchauffer la partie convexion du four à micro-ondes à 350°F (180°C).

• Battre en crème le beurre et le sucre.

• Ajouter les oeufs et battre au malaxeur pour obtenir un mélange léger et crémeux.

• Mélanger ensemble la farine et la poudre à pâte et ajouter petit à petit au mélange en crème.

• Abaisser la pâte à 1/8 de po (3 mm) d'épaisseur sur une surface bien enfarinée.

• Tailler en rondelles de 2 à 2½ po (5 à 6 cm).

• Mettre 1/2 c. à thé (2 mL) de confiture ou de marmelade au centre de chaque biscuit et le replier en forme de croissant.

• Presser les bords avec une fourchette.

• Tremper chaque biscuit dans un bol de sucre et le placer sur une tôle à biscuits ou dans la lèchefrite du four.

• Faire cuire les biscuits 16 à 18 minutes.

• Refroidir sur une grille.

Biscuits mélasse-beurre d'arachides

Préparation : . . . .**30 min**
Cuisson : . . . .**de 12 à 14 min**
Attente : . . . .**aucune**

• De mes nombreuses recettes de biscuits au beurre d'arachides, je reviens toujours à celle-ci qui est économique, vite préparée et délicieuse.

Ingrédients :

3/4 de tasse (190 mL) de graisse végétale

1/2 tasse (125 mL) de sucre

1/2 tasse (125 mL) de mélasse

1/2 tasse (125 mL) de beurre d'arachides

1 oeuf

2 tasses (500 mL) de farine

1/4 de c. à thé (1 mL) de soda

1/4 de c. à thé (1 mL) de sel

2 c. à thé (10 mL) de poudre à pâte

Préparation :

• Préchauffer la partie convexion du four à micro-ondes à 350°F (180°C).

• Mettre la graisse végétale en crème avec le sucre, la mélasse, le beurre d'arachides et l'oeuf. Mélanger le tout.

• Tamiser ensemble la farine, le soda, le sel et la poudre à pâte. Ajouter au premier mélange.

• Laisser tomber à la cuillère sur une tôle à biscuits graissée ou dans la lèchefrite du four.

• Faire cuire les biscuits 12 à 14 minutes.

Carrés
au mincemeat

Préparation : . . . . **20 min**
Cuisson : . . . . **de 25 à 30 min**
Attente : . . . . **aucune**

• Ces carrés, tout à fait appropriés pour Noël parce qu'ils sont au mincemeat, sont délicieux en tout temps. Ils sont tout désignés pour accompagner une bonne tasse de thé ou un verre de porto ou de brandy.

Ingrédients :

3/4 de tasse (190 mL) de margarine

1 tasse (250 mL) de cassonade

1½ tasse (375 mL) de farine

1/2 c. à thé (2 mL) de soda

1 tasse (250 mL) de farine d'avoine

1 à 1½ tasse (250 à 375 mL) de mincemeat

1 tasse (250 mL) de pommes non pelées, râpées

Préparation :

• Préchauffer la partie convexion du four à micro-ondes à 400°F (200°C).

• Battre les 5 premiers ingrédients. En étaler la moitié dans un plat de cuisson bien graissé de 11 × 9 po (28 × 23 cm). Presser le mélange dans le plat pour bien en recouvrir le fond.

• Mélanger le mincemeat et les pommes. Étendre sur le mélange.

• Saupoudrer les ingrédients secs qui restent sur le tout en pressant légèrement pour bien recouvrir.

• Faire cuire 25 à 30 minutes, ou jusqu'à ce que le dessus soit doré.

• Laisser refroidir légèrement et couper en carrés.

Biscuits sablés danois

Préparation : . . . .**30 min**

Cuisson : . . . .**de 8 à 10 min**

Attente : . . . .**aucune**

- Ces délicieux biscuits sont riches en saveur et tout dorés.

Ingrédients :

2/3 de tasse (160 mL) de beurre

1/3 de tasse (80 mL) de sucre granulé fin

2 c. à soupe (30 mL) de brandy

1/4 de c. à thé (1 mL) de sel

1 ½ tasse (375 mL) de farine

2 c. à soupe (30 mL) de sucre

1 c. à thé (5 mL) de muscade

Préparation :

- Préchauffer la partie convexion du four à micro-ondes à 400°F (200°C).

- Battre le beurre en crème légère, y battre ensuite le sucre, une cuillerée à thé (5 mL) à la fois.

- Ajouter le brandy en remuant.

- Mélanger le sel et la farine et l'ajouter graduellement au mélange du beurre, en remuant bien à chaque addition.

- Lorsque le mélange est bien homogène, former la pâte en boule, couvrir et réfrigérer 30 minutes.

- Faire des boulettes de pâte de 1/2 pouce (1,25 cm).

- Mélanger les 2 c. à soupe (30 mL) de sucre et la cannelle et en saupoudrer chaque biscuit. Les disposer sur une tôle à biscuits ou dans la lèchefrite du four légèrement graissée.

- Faire cuire les sablés 8 à 10 minutes, ou jusqu'à ce qu'ils soient dorés.

Les biscuits sablés de Mary

Préparation : . . . .**20 min**
Cuisson : . . . .**20 min**
Attente : . . . .**aucune**

• À mon avis, les biscuits sablés de Mary sont les meilleurs. Ma famille ne peut s'en passer à Noël. Maintenant, bien entendu, je les fais cuire par convexion dans mon four à micro-ondes.

Ingrédients :

1 tasse (250 mL) de beurre

1/2 tasse (125 mL) de sucre à glacer

1 ½ tasse (375 mL) de farine tout usage

Préparation :

• Préchauffer la partie convexion du four à micro-ondes à 300°F (150°C).

• Placer tous les ingrédients dans le bol du mélangeur.

• Remuer légèrement et ***battre 10 minutes à vitesse moyenne,*** en grattant souvent le tour du plat. Le mélange doit avoir l'apparence et la consistance du beurre fouetté.

• Laisser tomber par petites cuillerées sur une plaque à biscuits non graissée ou dans le plat du four.

• Garnir de petits morceaux de cerises confites ou de noix.

• Faire cuire les biscuits 20 minutes ou jusqu'à ce qu'ils soient légèrement dorés sur les bords.

Biscuits d'Hélène
à la farine d'avoine

Préparation :	...............30 min
Cuisson :	.............de 15 à 20 min
Attente :	....................aucune

• Hélène, ma loyale secrétaire depuis de nombreuses années, m'a donné d'excellentes et de très intéressantes recettes. En voici une.

Ingrédients :

2/3 de tasse (160 mL) de graisse végétale ou de margarine

1 ½ tasse (375 mL) de sucre

2 oeufs, battus

1/2 tasse (125 mL) de lait

1 c. à thé (5 mL) de vanille

1/2 tasse (125 mL) de raisins secs

2 tasses (500 mL) de farine

1 c. à thé (5 mL) de soda

1/2 c. à thé (2 mL) de sel

1 c. à thé (5 mL) de poudre à pâte

1 c. à thé (5 mL) de cannelle

1/2 c. à thé (2 mL) de quatre-épices

2 ¼ tasses (560 mL) de farine d'avoine

Préparation :

• Préchauffer la partie convexion du four à micro-ondes à 350°F (180°C).

• Battre ensemble la graisse végétale ou la margarine, le sucre et les oeufs pour obtenir un mélange crémeux.

• Ajouter le lait et la vanille. Bien mélanger.

• Y incorporer les raisins secs.

• Tamiser ensemble la farine, le soda, le sel, la poudre à pâte, la cannelle et le quatre-épices. Ajouter au mélange en crème, bien mélanger.

• Incorporer la farine d'avoine avec les mains.

• Rouler la pâte en boulettes avec les mains enfarinées. Disposer sur une tôle à biscuits ou dans la lèchefrite du four.

• Faire cuire les biscuits 15 à 20 minutes, en vérifiant la cuisson après 15 minutes.

• Lorsqu'ils sont dorés, les laisser refroidir sur une grille.

Gâteau au yaourt

Préparation : . . . . **15 min**

Cuisson : . . . . **de 50 à 55 min**

Attente : . . . .**aucune**

Petit conseil : C'est un petit gâteau à saveur d'orange ou de citron. Il ne demande aucun glaçage et il se conserve, couvert, de six à huit jours. La seule difficulté est de l'empêcher de disparaître trop vite. Il peut être cuit dans des petits moules pour le servir avec le dessert ou la crème glacée, ou bien comme gâteau renversé aux petits fruits. Un régal !

Ingrédients :

1/2 tasse (125 mL) de beurre ou de margarine

1 tasse (250 mL) de sucre

2 oeufs

1½ tasse (375 mL) de farine

2 c. à thé (10 mL) de poudre à pâte

une pincée de sel

le zeste râpé d'un citron ou d'une orange

2/3 de tasse (160 mL) de yaourt nature

Le sirop

le jus d'un citron ou d'une orange

1/4 de tasse (60 mL) de sucre

Garniture pour le gâteau renversé

2 à 3 tasses (500 à 750 mL) de bleuets ou de framboises

1/2 tasse (125 mL) de sucre

le zeste râpé d'un demi-citron

1/4 de c. à thé (1 mL) de gingembre râpé ou de cannelle

Préparation :

• Préchauffer la partie convexion du four à micro-ondes à 325°F (160°C).

• Battre le beurre ou la margarine avec le sucre et les oeufs au batteur électrique pour l'obtention d'un mélange léger et mousseux.

• Ajouter la farine, la poudre à pâte, le sel et le zeste de citron ou d'orange.

• Verser le yaourt sur le tout et remuer avec une cuillère de bois.

• Verser la pâte dans un moule à pain de 9 × 5 × 3 po (23 × 13 × 8 cm), bien beurré.

• Mettre au four et faire cuire 50 à 55 minutes, ou jusqu'à ce qu'une broche introduite au centre en ressorte propre. Tourner le moule à mi-cuisson.

• Verser le sirop suivant sur le gâteau au moment où il est retiré du four.

Pour faire le sirop

• Amener le jus de citron ou d'orange et le sucre à ébullition, en faisant chauffer 1 minute à « HIGH ». Verser immédiatement sur le gâteau chaud.

• Laisser le gâteau refroidir sur une grille à gâteau dans le moule.

Pour faire un gâteau renversé aux petits fruits

• Omettre le sirop chaud.

• Placer les bleuets ou les framboises dans un moule à gâteau rond ou carré.

• Ajouter le sucre, le zeste de citron râpé et le gingembre ou la cannelle.

• Mélanger le tout, recouvrir de la pâte à gâteau et faire cuire par convexion tel que ci-haut.

Le gâteau de Susan

Préparation : . . . . .15 min
Cuisson : . . . . .1 h
Attente : .20 min

• Cette recette est originaire de la Nouvelle-Écosse. Ma petite-fille, Susan, fait ce gâteau à la perfection. Les directives semblent curieuses, mais en les suivant à la lettre, le gâteau est un succès.

> **Petit conseil :** Ne pas glacer ce gâteau. Bien enveloppé, il se conserve de huit à dix jours, et sa saveur s'améliore de jour en jour.

Ingrédients :

Mélanger, dans cet ordre :

1 tasse (250 mL) de margarine ou de beurre, mis en crème

1 ½ tasse (375 mL) de sucre, ajouté graduellement

1/2 tasse (125 mL) de lait *et*
1/2 tasse (125 mL) d'eau chaude, mélangés

Ajouter au premier mélange les ingrédients ci-après, en battant :

1 oeuf

1 tasse (250 mL) de farine

1 oeuf

1 tasse (250 mL) de farine

1 oeuf

1 tasse (250 mL) de farine, tamisée *avec*
1 ½ c. à thé (7 mL) de poudre à pâte

2 c. à thé (10 mL) d'essence d'amande

Préparation :

• Préchauffer la partie convexion du four à micro-ondes à 325°F (160°C).

• Battre jusqu'à ce que la pâte soit légère et crémeuse. Verser dans un moule à ressort de 9 po (23 cm), graissé.

• Mettre le gâteau au four et faire cuire 1 heure, ou jusqu'à ce qu'il soit bien cuit.

• Laisser le gâteau reposer 20 minutes, le démouler sur une grille à gâteau.

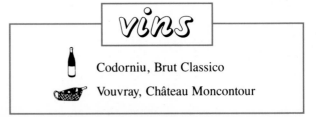

vins

Codorniu, Brut Classico

Vouvray, Château Moncontour

Gâteau épicé à l'orange

Préparation : . . . .**20 min**
Cuisson : . . . . **de 50 à 60 min**
Attente : . . . .**10 min**

• Je considère ce gâteau comme l'un des meilleurs gâteaux aux épices.

Ingrédients :

1/2 tasse (125 mL) de cassonade

1/2 tasse (125 mL) de beurre ou de margarine

1 oeuf, légèrement battu

1 tasse (250 mL) de mélasse

2½ tasses (625 mL) de farine

1½ c. à thé (7 mL) de soda

2 c. à thé (10 mL) de gingembre moulu

1/2 c. à thé (2 mL) de cannelle

1/4 de c. à thé (1 mL) de clous de girofle, moulus

1/2 c. à thé (2 mL) de sel

le zeste râpé de 2 oranges

1 tasse (250 mL) de jus d'orange

Préparation :

• Battre en crème la cassonade et le beurre ou la margarine.

• Ajouter l'oeuf battu et la mélasse, en remuant.

• Tamiser ensemble les ingrédients secs.

• Ajouter le zeste d'orange et mélanger.

• Combiner les deux mélanges.

• Mettre le jus d'orange dans un plat pour cuisson aux micro-ondes et faire chauffer 4 minutes à « HIGH ». L'ajouter petit à petit à la pâte, en battant jusqu'à ce que le mélange soit lisse. Battre 3 minutes.

• Verser la pâte à la cuillère dans un moule à pain graissé de 9 × 5 po (23 × 13 cm).

• Préchauffer la partie convexion du four à micro-ondes à 350°F (180°C).

• Mettre le gâteau au four et faire cuire 50 à 60 minutes.

• Laisser refroidir 10 minutes avant de démouler sur une grille à gâteau.

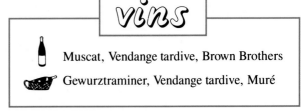

vins

Muscat, Vendange tardive, Brown Brothers

Gewurztraminer, Vendange tardive, Muré

Gâteau aux fraises à la crème

Préparation : . . . .**50 min**

Cuisson : . . . .**de 15 à 30 min**

Attente : . . . .**10 min**

Petit conseil : Un dessert très commode, ce gâteau peut aussi être apprêté avec des framboises, des bleuets ou des pêches fraîches tranchées.

Ingrédients :

1 tasse (250 mL) de farine

1 c. à thé (5 mL) de poudre à pâte

1/4 de c. à thé (1 mL) de sel

1/3 de tasse (80 mL) de lait

2 c. à soupe (30 mL) de beurre ou de margarine

3 oeufs

1 tasse (250 mL) de sucre

1 c. à thé (5 mL) de vanille

2 tasses (500 mL) de fraises

1/2 tasse (125 mL) de sucre

1 tasse (250 mL) de crème riche, fouettée

  Coteaux du Layon, Château Bellevue

 Sauternes, Château Lamothe-Guignard

Préparation :

• Mettre le lait dans un bol pour cuisson aux micro-ondes et faire chauffer 1 minute à « HIGH ». Laisser tiédir.

• Préchauffer la partie convexion du four à micro-ondes à 325°F (160°C).

• Battre les oeufs en mousse à grande vitesse au batteur électrique.

• Ajouter le sucre petit à petit tout en battant, jusqu'à ce que le mélange soit très épais et léger.

• Ajouter la vanille et le lait refroidi en battant.

• Mélanger la farine, la poudre à pâte et le sel dans une tasse à mesurer.

• Incorporer la farine légèrement dans les oeufs juste pour mélanger. Éviter de trop mélanger.

• Verser la pâte dans deux moules de 8 po (20 cm). Vous pouvez ne faire qu'un seul gâteau dans un moule de 8 × 8 po (20 × 20 cm).

• Faire cuire le gâteau au four 15 à 30 minutes ou jusqu'à ce qu'une légère pression des doigts sur le dessus ne laisse pas de marque.

• NE FAIRE CUIRE QU'UN GÂTEAU À LA FOIS.

• Laisser refroidir 10 minutes sur une grille à gâteau.

La garniture

• Laver les fraises, les équeuter et les trancher.

• Les saupoudrer de 1/2 tasse (125 mL) de sucre.

• Laisser reposer au moins 30 minutes pour qu'il se forme du jus.

• Disposer un gâteau sur un plat de service.

• Recouvrir de la moitié de la crème fouettée et ensuite de la moitié des fraises tranchées.

• Mettre le deuxième gâteau sur le dessus.

• Le recouvrir du reste de la crème fouettée et du reste des fraises.

• S'il n'y a qu'un gâteau, le tailler en carrés et servir chaque carré recouvert d'une bonne portion de fraises sucrées surmontées de crème fouettée.

Gâteau
aux pruneaux

Préparation : . . . . **15 min**

Cuisson : . . . . **de 40 à 45 min**

Attente : . . . . **aucune**

Petit conseil : Pour servir ce gâteau, l'accompagner d'une crème anglaise parfumée au rhum ou le servir avec de la crème fouettée.

Ingrédients :

1½ tasse (375 mL) de sucre

3 oeufs, bien battus

2/3 de tasse (160 mL) d'huile de maïs

1 c. à thé (5 mL) de soda

1 tasse (250 mL) de babeurre ou de lait sur

1/4 de c. à thé (1 mL) de cannelle et autant de quatre-épices et de muscade

1 tasse (250 mL) de pruneaux cuits, en purée

1/3 de tasse (80 mL) de noix, hachées

2 tasses (500 mL) de farine

1 c. à thé (5 mL) de poudre à pâte

Préparation :

• Préchauffer la partie convexion du four à micro-ondes à 350°F (180°C).

• Ajouter le sucre aux oeufs et bien battre.

• Ajouter l'huile lentement.

• Dissoudre le soda dans le babeurre ou le lait sur. Ajouter aux oeufs, en remuant, avec le reste des ingrédients.

• Graisser un moule à ressort de 9 po (23 cm). Y verser la pâte.

• Mettre le gâteau au four et faire cuire 40 à 45 minutes.

• Laisser refroidir sur une grille à gâteau.

vins

Vin de prune, Gekkeikan (Japon)

Porto Ruby, Sandeman

200

Gâteau aux raisins au cognac

Préparation :	. . . . **20 min**
Cuisson :	. . . . **de 55 à 65 min**
Attente :	. . . . **aucune**

> **Petit conseil :** Ce gâteau est l'un de mes préférés à l'heure du thé, tranché mince et servi avec une tasse de thé « Golden Nepal ». Il se conserve un mois ou deux, enveloppé dans un linge imbibé de cognac, dans une boîte bien fermée.

Préparation :

- Préchauffer la partie convexion du four à micro-ondes à 325°F (160°C). Graisser un moule à pain.

- Battre ensemble à grande vitesse le sucre et le beurre durant au moins 5 minutes.

- Ajouter les oeufs un à la fois, en battant à chaque addition. Battre encore 5 minutes.

- Tamiser ensemble la farine, la poudre à pâte et le sel. Ajouter au mélange en crème en alternant avec le cognac.

- Ajouter le reste des ingrédients. Battre juste assez pour mélanger.

- Mettre le gâteau au four et le faire cuire 55 à 65 minutes, en retournant le moule après 25 minutes de cuisson.

- Refroidir sur une grille à gâteau.

Ingrédients :

1 tasse (250 mL) de sucre

1/2 tasse (125 mL) de beurre mou

3 oeufs

1 tasse (250 mL) de farine

1 c. à thé (5 mL) de poudre à pâte

1/2 c. à thé (2 mL) de sel

1/4 de tasse (60 mL) de cognac

2 tasses (500 mL) de raisins secs

1 tasse (250 mL) de noix de Grenoble, hachées

3 c. à soupe (50 mL) de pelures confites d'orange ou de citron, hachées

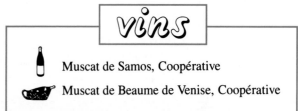

Muscat de Samos, Coopérative

Muscat de Beaume de Venise, Coopérative

Superbe gâteau au chocolat

Préparation : . . . . **30 min**
Cuisson : . . . . **45 min**
Attente : . . . . **aucune**

• L'addition des zucchini confère à ce gâteau sa saveur délicieuse.

Ingrédients :

1 tasse (250 mL) de cassonade

1/2 tasse (125 mL) de sucre

1/2 tasse (125 mL) de beurre ou de margarine

1/2 tasse (125 mL) d'huile végétale

3 oeufs

1 c. à thé (5 mL) de vanille

1/2 tasse (125 mL) de lait sur*

2 tasses (500 mL) de farine

**1/2 c. à thé (2 mL) de quatre-épices et
autant de cannelle et de sel**

2 c. à thé (10 mL) de soda

4 c. à soupe (60 mL) de cacao, non sucré

2 tasses (500 mL) de zucchini non pelé, râpé

1/2 tasse (125 mL) de brisures de chocolat (facultatif)

** À défaut de lait sur, ajouter **1 c. à thé (5 mL) de vinaigre** au lait requis dans la recette, laisser reposer quelques
minutes et utiliser.*

Préparation :

• Préchauffer la partie convexion du four à micro-ondes à 325°F (160°C).

• Mettre dans un bol la cassonade, le sucre, le beurre ou la margarine et l'huile végétale. Battre à la main ou au malaxeur pour que le tout soit crémeux.

• Ajouter alors les oeufs, la vanille et le lait sur. Bien mélanger.

• Tamiser la farine, le quatre-épices, la cannelle, le sel, le soda et le cacao ensemble dans un bol.

• Ajouter au mélange en crème et ajouter le zucchini. Bien mélanger.

• Verser la pâte dans un moule beurré et légèrement enfariné de 9 × 9 po (23 × 23 cm).

• Saupoudrer les brisures de chocolat sur la pâte.

• Mettre le moule au four et faire cuire le gâteau 45 minutes.

• Il n'est pas nécessaire de démouler ce gâteau. Il doit cependant être refroidi sur une grille.

• Couper en carrés pour servir.

• Pour conserver le gâteau tendre et savoureux, simplement le couvrir d'une feuille de papier ciré.

Gâteau aux feuilles de géranium rose

Préparation :	. . . .**25 min**
Cuisson :	. . . .**de 1 h à 1 h 15 min**
Attente :	. . . .**de 15 à 20 min**

• Depuis très longtemps, j'ai chez moi un géranium rose qui embaume tout ce qui l'entoure. Je dispose au fond du moule des feuilles du géranium avant d'y verser la pâte. Le gâteau cuit a une saveur de rose, les feuilles dessous sont dorées et croustillantes.

Petit conseil : L'eau de rose utilisée dans cette recette s'achète chez le pharmacien. Si vous n'avez que les feuilles de géranium ou que l'eau de rose, l'un ou l'autre donne au gâteau un caractère particulier. Ensemble, ils en font une merveille. Pour une occasion très spéciale, servir le gâteau entouré de roses fraîches.

Ingrédients :

1 tasse (250 mL) de beurre mou

1 tasse (250 mL) de sucre

1/4 de tasse (60 mL) de miel clair*

5 oeufs

2 tasses (500 mL) de farine à pâtisserie

1/2 c. à thé (2 mL) de sel

1 c. à thé (5 mL) d'eau de rose

2 c. à thé (10 mL) de jus de citron frais

Préparation :

• Préchauffer la partie convexion du four à micro-ondes à 325°F (160°C).

• Battre le beurre et le sucre en crème légère, 5 minutes au malaxeur, 8 minutes au batteur à main ou 10 minutes à la main. Cela est très important car c'est ce qui donne la texture parfaite au gâteau.

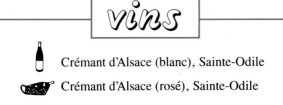

Crémant d'Alsace (blanc), Sainte-Odile
Crémant d'Alsace (rosé), Sainte-Odile

• Ajouter le miel et bien mélanger.

• Ajouter les oeufs, un à la fois, en battant 40 secondes à chaque addition.

• Tamiser ensemble la farine et le sel. Ajouter graduellement au mélange en crème, en battant bien à chaque addition.

• Ajouter l'eau de rose et le jus de citron.

• Beurrer un moule à pain de 9 × 5 po (23 × 13 cm). Tapisser le fond du moule avec les feuilles de géranium (en prenant soin d'enlever les tiges). En l'absence de feuilles de géranium, tapisser le fond du moule de papier ciré beurré.

• Verser la pâte dans le moule.

• Mettre le gâteau au four et faire cuire de 1 heure à 1 heure 15 minutes.

• Laisser reposer le gâteau dans le moule sur une grille à gâteau de 15 à 20 minutes avant de démouler.

• Laisser refroidir complètement et envelopper de papier d'aluminium. Ne pas réfrigérer.

• Ce gâteau conserve sa fraîcheur de deux à trois semaines.

• Ne pas le glacer, l'eau de rose et les feuilles de géranium perdraient leur parfum.

* Si le miel est granuleux ou trop épais, retirer le couvercle et passer le bocal aux micro-ondes 1 minute à « HIGH ». Il aura retrouvé sa limpidité.

Gâteau aux fruits du Yorkshire

Préparation : . . . .**20 min**

Cuisson : . .**1 h par livre (500 g) de pâte**

Attente : . . . .**laisser refroidir**

• C'est le stout (bière brune) qui confère à ce gâteau sa couleur et sa saveur. Le lait ou la bière peut y être substitué, mais alors le gâteau ne fera plus les délices des gens du Yorkshire.

Ingrédients :

4 tasses (1 L) de farine

1/4 de c. à thé (1 mL) de sel

1/4 de c. à thé (1 mL) de muscade

1/2 c. à thé (2 mL) de cannelle et autant de clous de girofle moulus

1 tasse (250 mL) de beurre mou

2 tasses (500 mL) de cassonade

1 tasse comble (250 mL) de raisins de Corinthe

1 tasse comble (250 mL) de raisins secs

1/2 tasse (125 mL) de pelures de fruits confites

1/2 tasse (125 mL) d'amandes ou de noix de Grenoble, hachées

4 oeufs, bien battus

1 c. à thé (5 mL) de soda

1 c. à thé (5 mL) de lait

1/2 tasse (125 mL) de cerises entières confites

1 tasse (250 mL) de stout (bière)

Préparation :

• Préchauffer la partie convexion du four à micro-ondes à 325°F (160°C).

• Tamiser ensemble trois fois la farine, le sel, la muscade, la cannelle et les clous moulus. Mettre 1/2 tasse (125 mL) de ce mélange de côté.

• Battre en crème légère le beurre et la cassonade.

• Ajouter petit à petit les ingrédients tamisés, en battant bien à chaque addition.

• Mettre dans un bol les raisins de Corinthe, les raisins secs, les pelures confites et les amandes ou les noix. Remuer avec la 1/2 tasse (125 mL) du mélange de farine réservé.

• Mélanger le soda et le lait et l'ajouter aux oeufs battus. Remuer et verser sur le mélange des fruits.

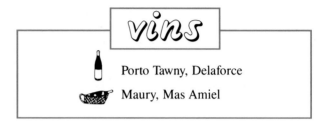

Porto Tawny, Delaforce

Maury, Mas Amiel

• Ajouter les cerises et remuer pour bien mélanger la pâte.

• Ajouter le stout et remuer.

• Verser la pâte dans un grand moule ou dans deux ou trois petits moules, bien enduits de graisse végétale. (NE PAS UTILISER DE BEURRE.)

• Mettre le gâteau au four.

• Tenant compte de la taille du gâteau ou des gâteaux, la durée moyenne de cuisson est d'une heure par livre (500 g) de pâte. Vérifier la cuisson à l'aide d'une broche à gâteau.

• Laisser refroidir sur une grille à gâteau avant de démouler.

• Pour servir ce gâteau comme dans le Yorkshire, envelopper le gâteau, une fois refroidi, dans un linge imbibé de stout.

• De 12 à 24 heures avant de servir le gâteau, le tailler en quatre rangs avec un long couteau bien tranchant.

• Garnir chaque rang de mincemeat et recouvrir ensuite le dessus du gâteau d'une épaisse couche de pâte à l'amande. C'est super !

Gâteau-biscuit

• Dans cette recette, la farine est remplacée par des biscuits graham écrasés, ce qui donne une texture distincte à ces biscuits.

Préparation : . . . .**20 min**
Cuisson : . . . .**de 30 à 35 min**
Attente : . . . .**aucune**

Ingrédients :

1/4 de tasse (60 mL) de margarine

3/4 de tasse (190 mL) de sucre

1 oeuf

1/4 de tasse (60 mL) de lait

1 c. à thé (5 mL) de vanille

22 biscuits graham, écrasés

1 ¼ de c. à thé (6 mL) de poudre à pâte

1/2 tasse (125 mL) de noix, hachées

vins

Kritter rosé

Champagne rosé, Lanson

Préparation :

• Préchauffer la partie convexion du four à micro-ondes à 350°F (180°C).

• Battre en crème légère la margarine, le sucre et l'oeuf.

• Ajouter le lait et la vanille.

• Mélanger, ajouter ensuite les biscuits graham écrasés au rouleau à pâte (NE PAS UTILISER LES BISCUITS ÉCRASÉS, EN BOÎTE).

• Ajouter la poudre à pâte et les noix hachées.

• Verser dans un plat de cuisson bien graissé de 7 × 11 po (18 × 28 cm).

• Faire cuire 30 à 35 minutes, ou jusqu'à ce que les biscuits soient cuits. Retourner le plat de cuisson après 20 minutes.

• Refroidir un peu, couper en carrés et servir accompagnés de crème fouettée ou de crème glacée.

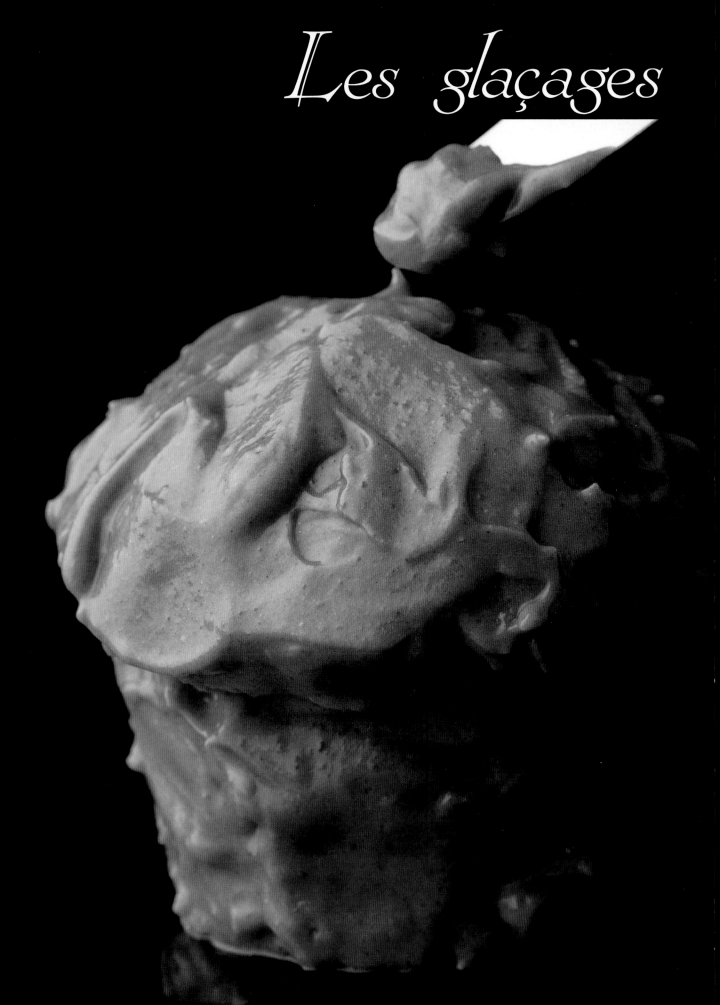

Les glaçages

Glaçage doré

Cuisson au gril

• Faire un gâteau blanc d'un étage. Le retirer du four et pendant qu'il est encore chaud le couvrir du mélange ci-après.

Ingrédients :

3 c. à soupe (50 mL) de margarine ou de beurre fondu

6 c. à soupe (90 mL) de cassonade

2 c. à soupe (30 mL) de crème

2 c. à soupe (30 mL) de sherry

1/2 tasse (125 mL) de noix de coco râpée

Préparation :

• Préchauffer le four à « BROIL », en suivant les instructions du manuel d'utilisation du four.

Préparation : . . . .**2 min**

Cuisson : . . . .**faire dorer**

Attente : . . . .**aucune**

• Mélanger tous les ingrédients dans un bol.

• Glacer le gâteau chaud de ce mélange.

• Mettre le gâteau dans la lèchefrite du four et faire griller jusqu'à ce qu'il soit doré.

Asti Spumante, Martini et Rossi

Champagne, De Castellane Brut

Glaçage mocha crémeux

Cuisson aux micro-ondes

Préparation : . . . .**8 min**

Cuisson : . . . .**de 2 à 3 min**

Attente : . . . .**1 h**

- Si vite, si facile à faire, et tellement bon !

Ingrédients :

1/3 de tasse (80 mL) de sucre à fruits

1/4 de tasse (60 mL) d'eau

2 jaunes d'oeuf

1/2 tasse (125 mL) de beurre doux ou de margarine

1 c. à thé (5 mL) de poudre de café instantané

1 carré de chocolat non sucré fondu (facultatif)

Préparation :

- Mettre le sucre et l'eau dans un bol pour cuisson aux micro-ondes.

- Faire cuire 2 ou 3 minutes à « HIGH », pour obtenir un sirop épais.

- Bien battre les jaunes d'oeufs.

- Verser le sirop lentement, en un jet constant, en battant sans arrêt. Battre le mélange jusqu'à ce qu'il soit épais et léger, environ 3 à 5 minutes. Un batteur électrique est utilisé à vitesse moyenne.

- Dans un autre bol, battre le beurre ou la margarine en crème très légère.

- Ajouter graduellement la mousse d'oeufs REFROIDIE et battre pour bien lier le tout.

- Ajouter le café instantané et le chocolat fondu. Bien mélanger.

- Mettre une heure au réfrigérateur avant l'utilisation.

Sauce au citron du Québec

Cuisson aux micro-ondes

• Mon mari aime beaucoup cette sauce, tout particulièrement servie avec du gâteau à la farine de maïs (Johnny Cake).

Ingrédients :

1 tasse (250 mL) de cassonade

1 tasse (250 mL) d'eau

1 citron non pelé

1 c. à thé (5 mL) de fécule de maïs

2 c. à soupe (30 mL) d'eau froide

Préparation :	. . . . **2 min**
Cuisson :	. . . . **5 min**
Attente :	. . . . **aucune**

Préparation :

• Mettre dans un bol pour cuisson aux micro-ondes la cassonade, l'eau et le citron tranché très mince.

• Mélanger le tout et passer aux micro-ondes 4 minutes à « HIGH ».

• Diluer la fécule de maïs dans l'eau froide et l'ajouter à la sauce pour l'épaissir, en faisant chauffer 1 minute à « MEDIUM-HIGH » ou jusqu'à ce qu'elle soit crémeuse, en remuant une fois.

Muffins à l'orange

Préparation : . . . . **10 min**

Cuisson : . . . . **de 15 à 20 min**

Attente : . . . .**aucune**

• Il y a de nombreuses années, j'ai trouvé cette recette dans la première édition du *Good Housekeeping Cookbook*. Elle est excellente.

Ingrédients :

2 tasses (500 mL) de farine

1/4 de tasse (60 mL) de sucre

1 c. à soupe (15 mL) de poudre à pâte

1/2 c. à thé (2 mL) de sel

1 oeuf

3/4 de tasse (190 mL) de lait

1/4 de tasse (60 mL) de jus d'orange

le zeste râpé d'une orange

1/4 de tasse (60 mL) d'huile végétale

Préparation :

• Préchauffer la partie convexion du four à micro-ondes à 400°F (200°C).

• Mélanger à la fourchette la farine, le sucre, la poudre à pâte et le sel dans un grand bol.

• Dans un petit bol, battre l'oeuf légèrement avec une fourchette, ajouter ensuite le lait, le jus et le zeste d'orange et l'huile. Remuer.

• Ajouter le mélange d'oeuf d'un seul coup au mélange de farine et remuer juste assez pour humecter la farine.

• Verser la pâte dans des moules à muffins graissés, avec une cuillère.

• Faire cuire les muffins 15 à 20 minutes.

Muffins
aux canneberges

Préparation : . . . . **10 min**

Cuisson : . . . . **de 22 à 25 min**

Attente : . . . . **aucune**

Petit conseil : Cette recette vous donne une bonne quantité de muffins. Ils sont un régal. Réchauffez-les, surgelés, dans la partie convexion de votre four à micro-ondes préchauffée à 400°F (200°C), 10 à 20 minutes selon la taille.

Ingrédients :

1 ¾ tasse (440 mL) de farine

2 c. à thé (10 mL) de poudre à pâte

1/2 c. à thé (2 mL) de sel

1/4 de tasse (60 mL) de sucre

1 oeuf

1 tasse (250 mL) de lait

1/4 de tasse (60 mL) de beurre fondu

1/4 de tasse (60 mL) de sucre

2 tasses (500 mL) de canneberges fraîches

1/4 de tasse (60 mL) de farine

Préparation :

• Préchauffer la partie convexion du four à micro-ondes à 425°F (215°C).

• Mélanger la farine, la poudre à pâte, le sel et le premier 1/4 de tasse (60 mL) de sucre.

• Mélanger l'oeuf, le lait et le beurre fondu. Ajouter d'un seul coup au mélange de la farine.

• Remuer les canneberges avec le reste du sucre et le 1/4 de tasse (60 mL) de farine, ajouter à la pâte. Remuer juste assez pour mélanger.

• Verser dans 12 coupes à muffins de 2 pouces (5 cm), graissées.

• Faire cuire les muffins 22 à 25 minutes. Les servir chauds.

Muffins
à la farine de maïs

Préparation :	**10 min**
Cuisson :	**de 20 à 25 min**
Attente :	**aucune**

• Cette excellente recette de muffins a paru dans un livre de recettes commercial canadien. Le mélange est parfait, faites-en l'essai !

Ingrédients :

1 tasse (250 mL) de farine

3 c. à thé (15 mL) de poudre à pâte

1/2 c. à thé (2 mL) de sel

1/2 tasse (125 mL) de sucre

1 tasse (250 mL) de farine de maïs

1 oeuf

1 ¼ tasse (315 mL) de lait

1/3 de tasse (80 mL) de graisse végétale ou d'huile d'arachides

Préparation :

• Préchauffer la partie convexion du four à micro-ondes à 425°F (215°C).

• Mélanger dans un bol, la farine, la poudre à pâte et le sel, ajouter le sucre et la farine de maïs, bien remuer.

• Battre ensemble l'oeuf, le lait et la graisse végétale ou l'huile. Ajouter d'un seul coup aux ingrédients secs. Remuer juste assez pour mélanger, peu importe que le mélange soit granuleux.

• Graisser 12 moules à muffins moyens, les remplir de la pâte.

• Faire cuire les muffins 20 à 25 minutes ou jusqu'à ce qu'ils soient bien dorés.

Granola maison

• Je prépare mon granola depuis très longtemps. Voici ma recette préférée. Facile et vite faite, elle se conserve très bien dans une boîte en plastique bien fermée. Faites-en l'essai comme céréale le matin, recouverte d'une pomme râpée ou d'une banane tranchée.

Ingrédients :

1 tasse (250 mL) de cassonade

1/2 tasse (125 mL) de graines de sésame

1 tasse (250 mL) de germe de blé

1 tasse (250 mL) de noix de coco

1 tasse (250 mL) de noix de Grenoble ou d'arachides

1 tasse (250 mL) d'eau

1/3 de tasse (80 mL) de margarine fondue

2 c. à thé (10 mL) de vanille

Préparation :	. . . . **5 min**
Cuisson :	. . . . **de 25 à 30 min**
Attente :	. . . . **aucune**

Préparation :

• Préchauffer la partie convexion du four à micro-ondes à 350°F (180°C).

• Mélanger tous les ingrédients dans un grand bol.

• Étaler le mélange dans la lèchefrite du four. Faire cuire 25 à 30 minutes, en remuant une ou deux fois durant la cuisson.

• Laisser refroidir.

• Au goût ajouter 2 tasses (500 mL) de raisins secs ou 2 tasses (500 mL) de tranches de pommes déshydratées coupées en quatre.

• Remuer et verser dans un contenant.

Bonbons aux pommes de terre

Cuisson aux micro-ondes

<table>
<tr><td>Préparation à l'avance : . . . . .1 h</td></tr>
<tr><td>Cuisson : .1 min</td></tr>
<tr><td>Attente : . . . . .de 2 à 3 h</td></tr>
</table>

• Ces bonbons sont délicieux. Essayez-les!

Ingrédients :

6 c. à soupe (90 mL) d'eau

une pincée de sel

2 c. à soupe (30 mL) de lait froid

2 c. à soupe (30 mL) de pommes de terre instantanées

1 c. à thé (5 mL) de beurre mou

1/2 c. à thé (2 mL) d'essence d'amande

1 tasse (250 mL) de sucre à glacer

1 tasse (250 mL) de noix de coco râpée

Préparation :

• Mettre l'eau et le sel dans un plat pour cuisson aux micro-ondes et faire chauffer 1 minute à « HIGH ».

• Ajouter le lait et les pommes de terre instantanées. Battre en crème.

• Ajouter le beurre et l'essence d'amande.

• Bien mélanger et ajouter le sucre en poudre petit à petit.

• Couvrir et réfrigérer une heure.

• Le mélange épaissit en refroidissant. Le battre jusqu'à ce qu'il soit ferme.

• Y incorporer la noix de coco et laisser tomber à la cuillère sur une feuille de papier ciré.

• Mettre au réfrigérateur de deux à trois heures.

Cuisine au vin

- La cuisine au vin est aussi simple que la cuisine à l'eau. Une minime quantité rehausse la saveur de tout le plat.

- L'alcool dans le vin s'évapore pendant la cuisson mais la saveur demeure.

- En plus de conférer une saveur distincte aux aliments, le vin les attendrit par sa teneur en acidité.

- Voici quelques règles à suivre dans la cuisson au vin de certains aliments :

  - un vin rouge sec avec une viande rouge ou le gibier ;

  - un vin rouge plus léger, moins sec, avec les rognons et les ragoûts ;

  - un vin blanc avec le poisson, les fruits de mer et le poulet.

- Le vermouth sec est utilisé comme le vin blanc.

- Ces règles ne sont cependant pas rigides. Le fameux coq au vin est un plat de poulet apprêté au vin rouge, et il y a aussi des ragoûts de poisson français renommés qui sont préparés au vin rouge.

- Le vin ne doit jamais être ajouté à un plat au moment de servir. Il doit mijoter avec l'aliment ou dans la sauce pendant la cuisson. Lorsque le vin est ajouté trop tard il donne une saveur âpre aux mets.

- Les vins fortifiés et apéritifs font exception à la règle. La chimie de ces vins est différente et ils servent comme assaisonnement. Un vin fortifié doit être ajouté petit à petit, en y goûtant, jusqu'à ce que la saveur soit à votre goût.

- Lorsque le vin et les herbes sont ajoutés ensemble à un plat, une infusion du vin et des herbes doit être préparée et ajoutée aux aliments.

Préparation :

- Ajouter à **1 tasse (250 mL) de vin blanc ou rouge** dans un plat pour cuisson aux micro-ondes, **1 c. à thé (5 mL) de l'herbe choisie** ou **1/2 c. à thé (2 mL) de chacune**, s'il y a plus d'une herbe.

- Passer aux micro-ondes 30 secondes à « MEDIUM ».

- Ajouter **1 c. à thé (5 mL) de beurre** et **le zeste râpé d'un citron.**

- Passer aux micro-ondes 30 secondes de plus à « MEDIUM ».

- Le concentré est alors prêt à être ajouté aux aliments de votre choix.

- L'utiliser en une seule fois ou n'en ajouter qu'une cuillerée à soupe (15 mL) à la fois.

- La couleur d'une sauce au vin rouge est parfois peu attrayante. Y ajouter **1 c. à thé (5 mL) de pâte de tomate** ou **une petite quantité de sauce brune** ou **de sauce de viande** pour en améliorer la couleur et donner plus de consistance à la sauce.

- Souvenez-vous que même une petite quantité de vin rehausse la saveur des aliments.

- Les restes de vin ne doivent pas être jetés. Les conserver dans une bouteille bien fermée, au réfrigérateur.

- Ces restes peuvent être utilisés pour parfumer une sauce, un ragoût ou même une compote de fruits, ou comme ingrédient d'une marinade.

- Des vins différents peuvent être mis dans une même bouteille.

- **Une ou deux cuillères à soupe (15 ou 30 mL) de vin rouge** ajoutée à une vinaigrette pour remplacer le vinaigre rehausse la saveur des salades de viande ou de légumes.

- NE PAS UTILISER DE VIN SUR LA LAITUE.

- À défaut de vin au moment de préparer une recette, y substituer une égale quantité de **jus de pomme,** ou **1/2 tasse (125 mL) d'eau avec le jus d'un citron** pour chaque tasse (250 mL) de vin requis. (C'est une solution pour équilibrer l'acidité, mais la saveur n'est pas celle du vin !)

- Il faut se rappeler que le vin se compose d'eau en grande partie.

- Il fournit une portion ou tout le liquide nécessaire au plat en préparation, plus une saveur subtile qui s'allie parfaitement à la viande, au poisson, aux fruits ou autres aliments.

- Il est utilisé tout comme le consommé, pour enrichir, donner du goût et arroser.

- Il ne faut pas croire que seuls les élus possèdent le palais pour apprécier le vin ou ont les moyens de l'utiliser en cuisine. Tous peuvent en jouir. Achetez une bouteille à l'occasion et conservez-la au réfrigérateur une fois ouverte. Ne l'utilisez que pour la cuisson. Ajoutez-en un peu ici et là dans vos recettes préférées. C'est la meilleure manière et la plus facile d'apprendre à cuisiner au vin. Vous verrez ce que vous pouvez tirer d'une bouteille de vin.

- Il faut éviter d'ajouter trop de vin, il en faut juste assez pour rehausser la saveur du plat.

- Il existe sur le marché des vins secs à prix modiques, qui conviennent très bien pour la cuisine. Mais lorsque vous préparez un mets avec des ingrédients délicats, ou encore un plat de haute cuisine, il faut utiliser un vin de choix.

- Plus vous utilisez du bon vin, meilleur est le plat cuisiné. Lorsque vous êtes dans le doute, la règle à suivre est d'utiliser pour la cuisson le vin que vous boirez au repas.

Manière de faire une bonne tasse de café

L'eau

• N'employer que de l'eau courante du robinet d'eau froide. Des dépôts minéraux s'accumulent dans le robinet d'eau chaude et sont susceptibles d'altérer le goût du café.

• Faire le café avec l'eau en dessous du point d'ébullition (1 minute à « HIGH » aux micro-ondes). Au moment où l'eau bout, certains produits chimiques tendent à se décomposer. Ils peuvent affecter la saveur du café. LE CAFÉ NE DOIT JAMAIS BOUILLIR.

La quantité de café

• Quelle que soit la méthode utilisée dans la préparation du café, la proportion de café par rapport à l'eau ne change pas.

• Pour chaque tasse de 8 onces (250 mL) d'eau utiliser une mesure de **2 c. à soupe (30 mL) de café moulu.**

• Pour un CAFÉ PLUS FORT, utiliser **3 c. à soupe (50 mL) de café** pour chaque tasse (250 mL) d'eau.

• Le café servi aussitôt prêt est le meilleur. Ne pas servir le café plus d'une heure après l'infusion.

Café belge

> **Petit conseil :** Un délicieux café à servir en fin de soirée accompagné de petits fours. Le servir au goût avec une liqueur ou un cognac qui peut être versé dans le café, ou que l'on boit avec le café ou après.

Ingrédients :

1/4 de c. à thé (1 mL) de vanille

1/2 tasse (125 mL) de crème riche

1 blanc d'oeuf, battu en neige

4 tasses (1 L) de café chaud

Préparation :

• Battre ensemble la vanille et la crème jusqu'à ce que le mélange soit ferme.

• Incorporer le blanc d'oeuf battu.

• Répartir le mélange également dans les tasses.

• Verser le café chaud lentement dans chaque tasse. Ne pas remuer.

• Accompagner de cassonade ou de sucre fin.

Café brûlot

- Une touche d'élégance à la fin d'un dîner de gourmet.

Ingrédients :

1/3 à 1/2 tasse (80 à 125 mL) de cognac

1 c. à soupe (15 mL) de sucre

3 clous de girofle entiers

1 morceau de bâton de cannelle

le zeste râpé d'une orange ou d'un citron

2 tasses (500 mL) de café fort, chaud

crème fouettée, sucrée (facultatif)

Préparation :

- Mélanger le cognac, le sucre, les clous de girofle, la cannelle et le zeste d'orange ou de citron râpé dans une tasse à mesurer pour cuisson aux micro-ondes.
- Passer aux micro-ondes 45 à 60 secondes. Remuer.
- Flamber le mélange de cognac avec soin dans le café chaud, remuer.
- Servir dans des demi-tasses.
- Sucrer au goût.
- Garnir de crème fouettée.

Beurres aromatiques

Beurre savoureux

Préparation :

- Mettre en crème **1 livre (500 g) de beurre doux ou salé.**

- Ajouter **le jus de 1 citron.**

- Mettre dans un contenant couvert.

- Il se conserve jusqu'à un mois au réfrigérateur.

- Pour la préparation de beurres aromatiques, utiliser **1/4 de tasse (60 mL) de beurre savoureux** et procéder tel que ci-après :

Beurre bleu

Préparation :

- Ajouter **1/4 de tasse (60 mL) de fromage Roquefort français, Gorgonzola italien, Stilton anglais ou Bleu danois.**

Beurre aux oeufs

Préparation :

- Ajouter **2 oeufs cuits dur râpés, 1 oignon vert émincé, du sel au goût.**

Beurre aux herbes

Préparation :

- Ajouter **1/2 à 1 c. à thé (2 à 5 mL) d'herbes fraîches ou séchées** au choix, **estragon, basilic, marjolaine ou autre.**

Pâté d'agneau au bacon

Préparation :	**20 min**
Cuisson :	**49 min**
Attente :	**aucune**

• Voici un mets inusité pour une réception. Je le tiens d'un chef norvégien.

Ingrédients :

4 oeufs

1/2 tasse (125 mL) de crème ou de lait

1 ½ tasse (375 mL) de petits cubes de pain

1/2 lb (250 g) d'agneau, haché

le zeste râpé et le jus d'un demi-citron

1 petit oignon, haché fin

1 c. à thé (5 mL) de sel

1/2 c. à thé (2 mL) de gingembre, moulu

1/4 de c. à thé (1 mL) de thym

5 ou 6 tranches de bacon

1/4 de lb (125 g) de fromage cheddar, râpé

1/2 tasse (125 mL) de céleri, en dés

1 ½ tasse (375 mL) de lait

1/2 c. à thé (2 mL) de sel

1/2 c. à thé (2 mL) de sel de céleri

1/4 c. à thé (1 mL) de poudre d'ail

Préparation :

• Battre 1 oeuf avec la 1/2 tasse (125 mL) de crème ou de lait.

• Ajouter les cubes de pain et laisser reposer 5 minutes.

• Ajouter l'agneau haché, le zeste et le jus de citron, et les 4 ingrédients suivants.

• Bien mélanger le tout et recouvrir de ce mélange le fond et les parois d'une assiette à tarte de 9 ou 10 po (23 ou 25 cm).

• Faire cuire le bacon aux micro-ondes 4 minutes à « HIGH ». L'émietter et en saupoudrer la viande.

• Mélanger le fromage et le céleri et saupoudrer sur le tout.

• Battre les oeufs qui restent avec la 1 ½ tasse (375 mL) de lait.

• Ajouter les assaisonnements, remuer et verser délicatement sur le fond de viande.

• Préchauffer la partie convexion du four à micro-ondes à 400°F (200°C).

• Placer l'assiette à tarte au four et faire cuire 15 minutes, réduire alors la chaleur du four à 350°F (180°C) et faire cuire 30 minutes ou jusqu'à ce que le dessus soit bien pris.

• Servir ce pâté chaud ou froid, coupé en pointes.

vins

Dao, Catedral, Goncalves Monteiro

Don Miguel Torres, Torres

Quiche aux saucisses

Préparation :	. . . .**20 min**
Cuisson :	. . . .**de 45 à 57 min**
Attente :	. . . .**aucune**

• Le brunch du dimanche permet de recevoir les amis de manière détendue et agréable. Cette quiche est un mets préféré en de telles occasions. Elle n'est pas longue à préparer et elle est formidable servie très chaude. Elle est aussi délicieuse à la température de la pièce.

Ingrédients :

1 lb (500 g) de saucisses

paprika

1 oignon moyen, haché fin

pâte à tarte pour une assiette de 9 po (23 cm)

2 tasses (500 mL) de fromage suisse ou cheddar, râpé

1 c. à soupe (15 mL) de farine

4 oeufs, légèrement battus

1½ tasse (375 mL) de crème légère

sel et poivre au goût

1/4 de c. à thé (1 mL) de muscade, râpée

3 c. à soupe (50 mL) de ciboulette ou de persil, émincé

1/2 c. à thé (2 mL) de sauge

Préparation :

• Saupoudrer les saucisses de paprika. Les placer dans un plat pour micro-ondes et les faire cuire 8 à 10 minutes à « HIGH », les retournant à la mi-cuisson.

• Les retirer du plat et les égoutter sur un essuie-tout.

• Ajouter l'oignon au gras dans le plat et remuer. Cuire aux micro-ondes 2 minutes à « HIGH ».

• Trancher les saucisses en bouts de 1/4 pouce (1 cm), ajouter l'oignon, remuer le tout.

• Préchauffer la partie convexion du four à micro-ondes à 375°F (190°C).

• Tapisser de pâte l'assiette à tarte.

• Mélanger le fromage râpé et la farine; réserver 1/4 de tasse (60 mL) du mélange.

• Mettre les saucisses et l'oignon dans la pâte. Couvrir du mélange de fromage.

• Battre ensemble les oeufs, la crème, le sel, le poivre, la muscade, le persil et la sauge. Verser sur le fromage et les saucisses.

• Verser sur le tout, le mélange réservé de saucisses et oignon.

• Faire cuire 35 à 45 minutes, jusqu'à ce qu'un couteau inséré au centre en ressorte propre.

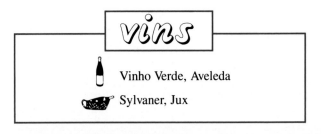

vins

Vinho Verde, Aveleda

Sylvaner, Jux

Crêpe au bacon pour le brunch

Préparation : . . . .**5 min**

Cuisson : . . . .**15 min**

Attente : . . . .**aucune**

• À votre prochain brunch, pourquoi ne pas servir cette délicieuse crêpe?

Ingrédients :

4 tranches de bacon, coupées en deux

2 oeufs, bien battus

3/4 de tasse (190 mL) de lait

1/4 de tasse (60 mL) de farine

1/2 c. à thé (2 mL) de sel

Préparation :

• Mettre le bacon dans une assiette à tarte pour cuisson aux micro-ondes de 9 pouces (23 cm) et le faire cuire 3 minutes à « HIGH ». Retirer l'assiette du four. Étendre le gras de bacon dans le fond de l'assiette.

• Préchauffer la partie convexion du four à micro-ondes à 400°F (200°C).

• Battre les oeufs à grande vitesse au malaxeur pour qu'ils soient légers et mousseux.

• Ajouter le reste des ingrédients un par un, en battant lentement à chaque addition. Verser dans l'assiette à tarte préparée.

• Faire cuire la crêpe 15 minutes.

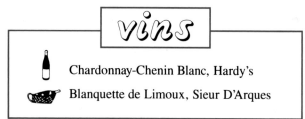

Chardonnay-Chenin Blanc, Hardy's

Blanquette de Limoux, Sieur D'Arques

Tarte du dimanche

Préparation : . . . .**15 min**
Cuisson : . . . .**de 42 à 52 min**
Attente : . . . .**aucune**

Petit conseil : Voici la tarte aux oeufs idéale pour le brunch. Elle peut être servie très chaude, mais elle est aussi délicieuse à la température ambiante. J'aime la servir accompagnée de quartiers de tomates dans un nid de cresson parfumé de ciboulette et de basilic frais... sans vinaigrette, sel et poivre tout simplement.

Ingrédients :

Fond de tarte pour une assiette de 9 po (23 cm)

10 tranches de bacon

1/4 de tasse (60 mL) de chutney

1/2 c. à thé (2 mL) de poudre de cari

1 c. à soupe (15 mL) de brandy ou de sherry sec

6 oeufs

2/3 de tasse (160 mL) de crème légère ou de lait

sel et poivre

Préparation :

• Tapisser de pâte une assiette à tarte, pincer les bords.

La cuisson du bacon aux micro-ondes

• Mettre les tranches de bacon les unes à côté des autres entre deux feuilles de papier absorbant dans une assiette pour cuisson aux micro-ondes. Faire cuire 7 minutes à « HIGH ».

• Placer le bacon sur une feuille de papier absorbant pour refroidir.

• Émietter le bacon dans l'assiette à tarte.

La cuisson de la tarte

• Préchauffer la partie convexion du four à micro-ondes à 400°F (200°C), réduire ensuite la chaleur à 350°F (180°C).

• Mélanger le chutney (hacher les gros morceaux), le cari et le brandy ou le sherry.

• Battre les oeufs légèrement avec la crème ou le lait.

• Ajouter sel et poivre au goût, ajouter le chutney en remuant et verser sur le bacon.

• Faire cuire la tarte 35 à 45 minutes, jusqu'à ce que la garniture soit prise et légèrement dorée.

 Côtes-de-Provence (blanc), Pradel

Château Raynella, (rosé d'Australie)

Quiche au brocoli

Préparation : . . . . **15 min**

Cuisson : . . . . **de 30 à 40 min**

Attente : . . . . **aucune**

Petit conseil : Servir cette quiche chaude ou à la température ambiante, elle est excellente pour le brunch ou pour un léger souper.

Préparation :

• Préchauffer la partie convexion du four à micro-ondes à 400°F (200°C) .

• Abaisser la pâte pour couvrir le fond de l'assiette à tarte.

• Hacher le brocoli cuit.

• Ajouter le fromage râpé, les oignons verts, la crème légère ou le lait, les oeufs battus, le sel, la marjolaine ou la sarriette. Bien mélanger.

• Verser dans le fond de tarte préparé.

• Faire cuire la quiche 30 à 40 minutes, jusqu'à ce qu'elle soit dorée et bien prise.

Ingrédients :

2 tasses (500 mL) de brocoli, cuit

pâte pour un fond de tarte de 9 po (23 cm)

1½ tasse (375 mL) de fromage cheddar, râpé

4 oignons verts, hachés (les parties verte et blanche)

1 tasse (250 mL) de crème légère ou de lait

3 oeufs, battus légèrement

1 c. à thé (5 mL) de sel

1/2 c. à thé (2 mL) de marjolaine ou de sarriette

 Muscadet de Sèvre-et-Maine, Château de la Villarnoult

 Graves (blanc), Château d'Archambeau

230

Pain aux épinards

Préparation : . . . . .20 min

Cuisson : . . . . .1 h

Attente : . . . . .5 min

Petit conseil : Ce pain, léger et savoureux, peut être préparé tôt dans la journée pour être cuit au moment du repas.

Ingrédients :

2 sacs d'épinards

2 c. à soupe (30 mL) de beurre ou de margarine

4 oignons verts, finement hachés

2 oeufs

1 tasse (250 mL) de crème légère

1/2 tasse (125 mL) de mie de pain frais, hachée

3 c. à soupe (50 mL) de fromage cheddar ou Parmesan, râpé.

1/4 de c. à thé (1 mL) de muscade

le zeste d'un citron, râpé

sel et poivre au goût

1 tasse (250 mL) de champignons frais, tranchés

Préparation :

• Bien laver les épinards à l'eau froide. Les mettre dans un plat pour cuisson aux micro-ondes sans les égoutter, couvrir et faire cuire 5 à 6 minutes à « HIGH ».

• Retirer le plat du four.

• Préchauffer la partie convexion du four à micro-ondes à 350°F (180°C) .

• Bien égoutter les épinards dans un bol, les hacher grossièrement avec deux couteaux.

• Ajouter les oignons verts.

• Battre ensemble les oeufs et la crème. Ajouter aux épinards avec la mie de pain, le fromage râpé, la muscade, le zeste de citron, sel et poivre au goût. Bien mélanger.

• Verser le mélange dans un moule à pain beurré de 9 × 5 po (23 × 13 cm). Couvrir avec les champignons tranchés.

• Recouvrir de papier d'aluminium ou d'un couvercle.

• Faire cuire 50 minutes. Découvrir et faire cuire 10 minutes de plus.

• Lorsque le pain est cuit, le laisser reposer 5 minutes avant de le servir.

• Pour démouler le pain aux épinards, si vous le désirez, passer la lame d'un couteau autour du moule et le renverser sur un plat de service.

Note : *Les épinards cuits peuvent présenter un léger risque de toxine. C'est pourquoi il faut éviter de garder un reste plus de deux jours au réfrigérateur.*

Côtes-du-Rhône (blanc), Duboeuf

Côtes-du-Rhône (blanc), Saint-Esprit, Delas

Pain de maïs aux carottes

Préparation : . . . . **10 min**

Cuisson : . . . . **de 50 à 60 min**

Attente : . . . . **aucune**

> **Petit conseil :** Si vous avez plusieurs convives à servir et que vous êtes un mordu d'aliments santé, essayer ce pain de maïs. Il est intéressant, accompagné de viandes froides tranchées très mince. Cette recette peut être réduite de moitié.

Ingrédients :

2 tasses (500 mL) de babeurre ou de lait sur

2 tasses (500 mL) de yaourt

6 oeufs, battus

2 c. à thé (10 mL) de sel

3 c. à soupe (50 mL) de germe de blé (facultatif)

3 tasses (750 mL) de farine de maïs

1 tasse (250 mL) de carottes, finement râpées

2 c. à soupe (30 mL) d'huile d'arachides

Préparation :

- Préchauffer la partie convexion du four à micro-ondes à 375°F (190°C).

- Mélanger le babeurre ou le lait sur et le yaourt, y ajouter les oeufs battus.

- Remuer ensemble le sel, le germe de blé, la farine de maïs et les carottes râpées. Ajouter au premier mélange et remuer juste pour lier.

- Verser l'huile d'arachides dans deux assiettes à tarte de 9 pouces (23 cm). Verser la moitié de la pâte dans chaque assiette.

- Placer une assiette à la fois dans le four et faire cuire par convexion 25 à 30 minutes ou jusqu'à l'obtention d'un beau doré.

- Servir chaud, coupé en pointes.

- Accompagner de beurre et de fromage à la crème ou d'une salade de tomates.

Pain de maïs au bacon

• Une assiettée de soupe aux tomates et un bon morceau de pain de maïs, voilà un repas léger et délicieux.

Ingrédients :

1/2 lb (250 g) de bacon

1 tasse (250 mL) de farine de maïs

1 tasse (250 mL) de farine tout usage

2 c. à soupe (30 mL) de sucre

1/2 c. à thé (2 mL) de sel

2 c. à thé (10 mL) de poudre à pâte

1 tasse (250 mL) de fromage cheddar, râpé

1 oeuf, légèrement battu

1 tasse (250 mL) de lait

Préparation :

• Préchauffer la partie convexion du four à micro-ondes à 400°F (200°C).

• Tailler 4 tranches du bacon en dés et les faire cuire par convexion environ 4 minutes. Égoutter le bacon, en réservant la graisse. La laisser refroidir.

• Mélanger dans un bol la farine de maïs, la farine tout usage, le sucre, le sel, la poudre à pâte et la moitié du fromage. Remuer le tout.

Préparation :	20 min
Cuisson :	de 25 à 35 min
Attente :	aucune

• Ajouter les dés de bacon, l'oeuf et le lait remués ensemble, et la graisse de bacon. Remuer juste pour lier le tout.

• Verser dans un moule de 8 × 8 × 2 pouces (20 × 20 × 5 cm).

• Saupoudrer le reste du fromage sur la pâte.

• Disposer les tranches de bacon qui restent sur le dessus en forme de treillis.

• Placer le pain de maïs dans le four préchauffé et faire cuire 25 à 35 minutes.

• Servir chaud ou tiède.

Crêpe à l'oignon du Yorkshire

Préparation :	15 min
Cuisson :	de 30 à 40 min
Attente :	aucune

Petit conseil : Cette grande crêpe constitue un repas délicieux lorsqu'on la sert avec des tranches de tomates et une salade de laitue ou de cresson.

Ingrédients :

6 oignons moyens, tranchés mince

3 c. à soupe (50 mL) de gras de bacon ou d'huile végétale

2 oeufs

2 tasses (500 mL) de lait

2 tasses (500 mL) de farine tout usage

4 c. à thé (20 mL) de poudre à pâte

Préparation :

• Mettre le gras de bacon ou l'huile dans un plat pour cuisson aux micro-ondes, faire chauffer 2 minutes à « HIGH ».

• Ajouter les oignons, bien remuer. Faire cuire aux micro-ondes 8 à 9 minutes à « HIGH », pour qu'ils soient dorés ici et là.

• Retirer le plat du four.

• Préchauffer la partie convexion du four à micro-ondes à 375°F (190°C).

• Battre ensemble les oeufs et le lait.

• Tamiser ensemble la farine et la poudre à pâte et ajouter au mélange des oeufs. Assaisonner au goût. Bien battre le tout.

• Ajouter les oignons. Verser dans une assiette à quiche de 12 po (30 cm) bien graissée.

• Faire cuire la crêpe 30 à 40 minutes, jusqu'à ce qu'elle soit gonflée et dorée. La servir immédiatement avec marinades aux légumes ou aux fruits ou avec une sauce épicée au goût.

Note : *Couper la recette de moitié au besoin. Ne réduire le temps de cuisson que de peu.*

vins

Est, Est, Est, Antinori

Vernaccia di Sangimignano, Monte Oliveto

Riz brun aux fines herbes

Préparation à l'avance : . . . . .1 h

Cuisson : . . . . .45 min

Attente : . . . . .10 min

Petit conseil : Il est préférable d'utiliser des herbes fraîches, persil, ciboulette, aneth, sarriette ou autres, qui sont disponibles dans les marchés au printemps, en été et en début d'automne.

Ingrédients :

1 tasse (250 mL) de riz brun

2 tasses (500 mL) de bouillon de poulet

2 c. à soupe (30 mL) d'herbes au choix

1 c. à thé (5 mL) de sel

3 c. à soupe (50 mL) de margarine ou de beurre

1/2 tasse (125 mL) d'oignons verts, émincés

Préparation :

• Rincer le riz à l'eau froide courante, puis le recouvrir d'eau et le laisser tremper une heure. Bien l'égoutter.

• Préchauffer la partie convexion du four à micro-ondes à 375°F (190°C).

• Mettre le riz dans un plat pour cuisson aux micro-ondes, verser le bouillon de poulet, ajouter les herbes choisies, soit une seule ou un mélange, et le sel.

• Couvrir le riz et le faire cuire au four 45 minutes.

• Laisser reposer le riz couvert, 10 minutes.

• Ajouter le beurre ou la margarine, le sel et le poivre au goût et les oignons verts. Remuer avec une fourchette.

• Garnir de persil émincé, au goût, et servir.

Crêpe dorée aux pommes

Préparation :	. . . . **30 min**
Cuisson :	. . . . **20 min**
Attente :	. . . . **aucune**

vins

Cidre de pomme,
La meilleure crème du verger

Cidre, Saint-Antoine Abbé

Petit conseil : Cette crêpe se prête à un double service. Avec les pommes, vous avez un dessert spectaculaire. En remplaçant les pommes par 1/2 livre (250 g) ou plus de saucisses de porc disposées dans la pâte comme les rayons d'une roue, voilà un mets délicieux pour le déjeuner.

Ingrédients :

1/4 de tasse (60 mL) de margarine

6 tasses (1,5 L) de pommes, pelées et tranchées

1/4 de tasse (60 mL) de sucre

1/2 c. à thé (2 mL) de cannelle

3 oeufs

1/2 tasse (125 mL) de farine

1/2 tasse (125 mL) de lait

1/4 de c. à thé (1 mL) de sel

1 c. à soupe (15 mL) de margarine

confiture aux fraises

Préparation :

• Faire fondre la margarine dans un plat pour cuisson aux micro-ondes 1 minute à « HIGH ».

• Mélanger les pommes, le sucre et la cannelle et les ajouter. Cuire aux micro-ondes 4 minutes à « HIGH », en remuant une fois. Retirer du four.

• Préchauffer la partie convexion du four à micro-ondes à 450°F (230°C).

• Mélanger les oeufs, la farine, le lait et le sel, battre le tout jusqu'à parfait mélange.

• Badigeonner le fond d'un plat de cuisson avec 1 c. à soupe (15 mL) de margarine, y verser la pâte.

• Faire cuire 20 minutes au four préchauffé jusqu'à ce que la crêpe soit dorée.

• La remplir du mélange des pommes, recouvrir de confiture aux fraises. Servir aussitôt prête.

Oeufs sur lit

Préparation : . . . . **15 min**

Cuisson : . . . . **de 11 à 12 min**

Attente : . . . . **aucune**

> **Petit conseil :** Les oeufs sont pochés au four sur un lit de tomates et de champignons. Je les prépare dans de petits ramequins. Ils se servent chauds ou froids.

Ingrédients :

2 c. à soupe (30 mL) de beurre

1 tasse (250 mL) de champignons frais, tranchés *ou*
1 boîte de champignons tranchés, bien égouttés

2 tomates moyennes pelées

une pincée de sucre

sel et poivre au goût

1/2 tasse (125 mL) de fromage cheddar, râpé

4 oeufs

4 c. à soupe (60 mL) de crème

persil

Préparation :

- Faire fondre le beurre dans un plat pour cuisson aux micro-ondes 1 minute à « HIGH ».

- Ajouter les champignons et les tomates coupées en dés, saupoudrer d'une pincée de sucre et faire cuire 2 minutes à « HIGH ». Retirer le plat du four. Saler et poivrer au goût.

- Préchauffer la partie convexion du four à micro-ondes à 400°F (200°C).

- Diviser la sauce dans 4 coupes individuelles ou dans des ramequins.

- Couvrir de la moitié du fromage râpé.

- Casser un oeuf dans chacun.

- Arroser chaque oeuf de 1 c. à soupe (15 mL) de crème et saupoudrer du reste du fromage.

- Faire cuire 9 à 10 minutes. Garnir de persil et servir.

Fumé Blanc, Sélection du Capitaine, Hardy's

Bergerac, Clocher des Monts

Omelette sucrée au citron

Préparation :	**10 min**
Cuisson :	**15 min 30 s**
Attente :	**aucune**

Ingrédients :

2 c. à thé (10 mL) de fécule de maïs

1/2 c. à thé (2 mL) de farine

1/4 de tasse (60 mL) de crème légère ou de lait

2 jaunes d'oeufs, bien battus

1/2 tasse (125 mL) de lait chaud

2 blancs d'oeufs, bien battus

2 c. à soupe (30 mL) de jus de citron

2 c. à soupe (30 mL) de miel

Préparation :

- Préchauffer la partie convexion du four à micro-ondes à 450°F (230°C).
- Mélanger la fécule de maïs, la farine et la crème ou le lait jusqu'à ce que le tout soit lisse, ajouter alors les oeufs battus, mélanger et ajouter le lait chaud. Bien mélanger.
- Incorporer les blancs d'oeufs au mélange.
- Verser dans une assiette à tarte.
- Faire cuire l'omelette 15 minutes.
- Replier l'omelette gonflée sur elle-même et la disposer sur un plat de service chaud.
- Mélanger le jus de citron et le miel dans un plat pour cuisson aux micro-ondes. Faire cuire 30 secondes à « HIGH ».
- Verser sur l'omelette. Servir aussitôt.

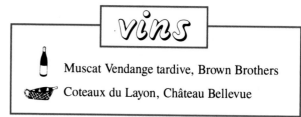

vins

Muscat Vendange tardive, Brown Brothers

Coteaux du Layon, Château Bellevue

Stollen allemand des Fêtes

Préparation :	. . . .**30 min**
Cuisson :	. . . .**de 35 à 45 min**
Attente :	. . . .**aucune**

• Dans ma jeunesse, nous avions une « nanny » anglaise qui nous faisait ce délicieux pain chaud pour le petit déjeuner. Elle le plaçait sur une grande tablette de chocolat qui venait de chez le pâtissier. Elle saupoudrait le dessus du stollen de sucre de couleur lorsqu'il était encore tiède.

Ingrédients :

2½ tasses (625 mL) de farine tout usage

2 c. à thé (10 mL) de poudre à pâte

3/4 de tasse (190 mL) de sucre

1/2 c. à thé (2 mL) de sel

1/4 de c. à thé (1 mL) de macis ou de muscade

1/4 de c. à thé (1 mL) de cardamome, moulue

3/4 de tasse (190 mL) d'amandes, moulues

1/2 tasse (125 mL) de beurre froid

1 tasse (250 mL) de fromage cottage

1 oeuf

1/2 c. à thé (2 mL) de vanille

1/4 de c. à thé (1 mL) d'essence d'amande

2 c. à soupe (30 mL) de rhum

1/2 tasse (125 mL) de raisins de Corinthe

1/4 de tasse (60 mL) de pelures confites, en dés

3 c. à soupe (50 mL) de beurre fondu

Préparation :

• Préchauffer la partie convexion du four à micro-ondes à 350°F (180°C).

• Remuer ensemble dans un bol la farine, la poudre à pâte, le sucre, le sel, le macis ou la muscade, la cardamome et les amandes.

• Y couper le beurre froid, avec un couteau à pâtisserie ou deux couteaux jusqu'à ce que le tout ressemble à des miettes grossières.

• Presser le fromage cottage dans un tamis et y ajouter l'oeuf, la vanille, l'essence d'amande, le rhum, les raisins de Corinthe et les pelures confites. Bien mélanger.

• Ajouter le tout à la farine. Remuer pour humecter tous les ingrédients et les mélanger.

• Ramasser la pâte en boule et la pétrir légèrement sur une planche enfarinée 4 à 6 minutes.

• Lorsque la pâte est lisse, l'abaisser en ovale d'environ 8 × 10 po (20 × 25 cm).

• Faire un léger pli au centre de la pâte, en faisant d'abord une incision d'environ 1/4 de po (6 mm) de profondeur avec un couteau tranchant.

• Badigeonner le dessus du pain avec 1 c. à soupe (15 mL) du beurre fondu.

• Tapisser le fond de la lèchefrite du four ou d'une plaque à biscuits de papier ciré.

• Mettre le stollen sur le papier.

• Faire cuire 35 à 45 minutes, ou jusqu'à ce que le dessus du pain soit d'un beau doré et que le pain soit bien cuit.

• Badigeonner le dessus du stollen avec le reste du beurre fondu, et le glisser sur une grille à gâteau pour refroidir.

• Au goût, le saupoudrer copieusement de sucre rose.

• Ce pain est délicieux servi tiède* avec du beurre doux mis en crème.

Préchauffer la partie convexion du four à micro-ondes à 375°F (190°C) et y réchauffer le stollen 10 à 12 minutes.

Pain aux bleuets

• Un pain ou un gâteau? Il est l'un et l'autre, un gâteau lorsque servi chaud et un pain lorsque servi froid.

Préparation à l'avance : . . . .**1 h**
Cuisson : . . . .**1 h**
Attente : . . . .**aucune**

Ingrédients :

1 tasse (250 mL) de bleuets

1/2 tasse (125 mL) de sucre

1/2 tasse (125 mL) d'huile végétale

1/2 tasse (125 mL) de sucre

2 oeufs, battus

1/2 c. à thé (2 mL) de sel

2 tasses (500 mL) de farine

1 c. à thé (5 mL) de poudre à pâte

1/2 tasse (125 mL) de lait

Préparation :

• Au moins une heure avant de faire la recette, mélanger les bleuets et la première 1/2 tasse (125 mL) de sucre dans un bol pour cuisson aux micro-ondes.

• Passer aux micro-ondes 1 minute à « HIGH ».

• Laisser reposer jusqu'au moment de l'utiliser pour qu'il se forme du jus.

• Préchauffer la partie convexion du four à micro-ondes à 350°F (180°C).

• Mélanger l'huile et la deuxième 1/2 tasse (125 mL) de sucre, ajouter les oeufs et battre le tout.

• Tamiser ensemble les ingrédients secs et les ajouter au premier mélange en alternant avec le lait.

• Graisser un moule à pain

• Égoutter les bleuets, réservant le jus, et les incorporer à la pâte. Verser dans le moule.

• Faire cuire 1 heure.

• Lorsque le pain est cuit, faire des incisions sur le dessus et y verser le jus de bleuets réservé.

• Laisser refroidir sur une grille.

Scones à la crème

Préparation : . . . .**20 min**
Cuisson : . . . .**14 min**
Attente : . . . .**aucune**

• Un jeune ami, qui avait un intéressant magasin de poissons et fruits de mer à Halifax, m'a offert cette recette. Les scones servis à l'heure du thé sont un véritable régal. Lorsque je les ai fait cuire dans la partie convexion de mon four à micro-ondes, j'ai été agréablement surprise de les trouver encore meilleurs que lorsque cuits au four conventionnel.

Ingrédients :

2 tasses (500 mL) de farine tout usage

1/2 c. à thé (2 mL) de sel

1 c. à soupe (15 mL) de poudre à pâte

2 c. à soupe (30 mL) de sucre

1/4 de tasse (60 mL) de beurre froid

1/2 tasse (125 mL) de crème riche ou de yaourt

1 oeuf, battu

1/4 de tasse (60 mL) de raisins secs (facultatif)

1 blanc d'oeuf, légèrement battu

Préparation :

• Préchauffer la partie convexion du four à micro-ondes à 425°F (215°C).

• Mélanger la farine, le sel, la poudre à pâte et le sucre dans un bol.

• Tailler en triangles ou en cercles.

• Mettre dans la lèchefrite du four.

• Y couper le beurre jusqu'à l'obtention d'un mélange granuleux, ajouter la crème ou le yaourt et l'oeuf. Mélanger et ajouter les raisins.

• Abaisser la pâte à 3/4 de pouce (2 cm) d'épaisseur.

• Badigeonner chaque scone avec le blanc d'oeuf légèrement battu et saupoudrer de sucre.

• Faire cuire environ 14 minutes.

• Servir chauds, coupés en deux et beurrés.

Biscuits chauds du Texas

Préparation : . . . . **15 min**

Cuisson : . . . . **de 12 à 20 min**

Attente : . . . . **aucune**

• Les gens du Texas ont raison ; un biscuit chaud rempli et recouvert des premiers petits fruits de la saison complète le repas avec autant d'éclat que tout autre dessert.

Petit conseil : Ces biscuits servis avec la sauce d'une viande grillée au barbecue et une compote de pommes constituent un brunch.

Ingrédients :

2 tasses (500 mL) de farine

1 c. à soupe (15 mL) de poudre à pâte

1/2 c. à thé (2 mL) de sel

3 c. à soupe (50 mL) de sucre

1/3 de tasse (80 mL) de beurre ou de margarine

2 oeufs, légèrement battus

1/2 tasse (125 mL) de lait

Préparation :

• Préchauffer la partie convexion du four à micro-ondes à 450°F (230°C).

• Mélanger la farine, la poudre à pâte, le sel et le sucre.

• Y couper le beurre ou la margarine pour obtenir un mélange granuleux.

• Ajouter les oeufs et juste assez de lait pour que la pâte tienne ensemble et puisse être pétrie.

• Renverser sur une surface légèrement enfarinée et pétrir légèrement du bout des doigts, pas plus de 10 fois.

• Abaisser la pâte à une épaisseur d'un demi-pouce (1,25 cm) environ.

• Tailler en rondelles de 1 à 3 po (3 à 8 cm) et placer sur une tôle à biscuits ou dans la lèchefrite du four, non beurrée.

• Faire cuire les biscuits 12 à 20 minutes, selon la taille, jusqu'à ce qu'ils soient dorés.

Biscuits chauds vite faits

Préparation : . . . . **5 min**

Cuisson : . . . . **de 12 à 14 min**

Attente : . . . . **aucune**

• Ces biscuits sont un régal servis chauds avec du beurre, de la gelée de pommettes maison et une bonne tasse de thé. Je vous les recommande.

Ingrédients :

2 tasses (500 mL) de farine

1 c. à soupe (15 mL) de poudre à pâte

1 c. à soupe (15 mL) de sucre

1 c. à thé (5 mL) de sel

1/3 de tasse (80 mL) d'huile végétale

2/3 de tasse (160 mL) de lait

Préparation :

• Préchauffer la partie convexion du four à micro-ondes à 450°F (230°C).

• Tamiser les ingrédients secs ensemble. Ajouter l'huile, puis le lait.

• Bien remuer le tout avec une fourchette ou une cuillère de bois jusqu'à ce que la pâte n'adhère plus aux parois du bol et forme une boule.

• Pétrir 8 à 10 fois et mettre sur une feuille de papier ciré. Abaisser la pâte à 1/4 de pouce (6 mm) d'épaisseur.

• Découper en carrés ou en rondelles. Mettre les biscuits dans la lèchefrite du four les uns à côté des autres. Faire cuire 12 à 14 minutes. Servir.

Muffins au son et aux bananes

Préparation : . . . . **10 min**

Cuisson : . . . . **de 18 à 23 min**

Attente : . . . .**aucune**

• Voici une recette pour de savoureux muffins santé.

Ingrédients :

1 tasse (250 mL) de céréales au son (All-Bran)

1 tasse (250 mL) de babeurre ou de lait sur*

1 grosse banane, écrasée

1 oeuf

1 ¼ tasse (315 mL) de farine de blé entier

1/2 c. à thé (2 mL) de soda

1 c. à soupe (15 mL) de poudre à pâte

1/2 c. à thé (2 mL) de sel

** Si vous n'avez ni babeurre ni lait sur, ajoutez **1 c. à thé (5 mL) de vinaigre** à **1 tasse (250 mL) de lait,** laissez reposer quelques minutes et utilisez.*

Préparation :

• Préchauffer la partie convexion du four à micro-ondes à 375°F (190°C).

• Faire ramollir la céréale de son dans le babeurre ou le lait sur.

• Ajouter la banane écrasée et l'oeuf. Battre le tout.

• Mélanger la farine de blé, le soda, la poudre à pâte et le sel. Verser dans le mélange de banane et remuer vivement.

• Graisser douze coupes à muffins de 2 pouces (5 cm), y verser le mélange à la cuillère.

• Faire cuire les muffins 18 à 23 minutes. Laisser refroidir sur une grille.

Pouding au pain aux pommes

Préparation : . . . . .25 min
Cuisson : . . . . .30 min
Attente : . . . . .aucune

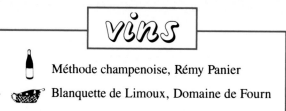

Méthode champenoise, Rémy Panier

Blanquette de Limoux, Domaine de Fourn

• La texture de ce pouding est très légère et le pain n'est pas apparent. C'est un délicieux dessert.

Ingrédients :

1/4 de tasse (60 mL) de jus de pomme

**1/2 tasse (125 mL) de raisins de Corinthe ou
autres raisins secs**

1/4 de tasse (60 mL) de margarine ou de beurre

4 pommes moyennes pelées et tranchées, le coeur enlevé

3 tasses (750 mL) de pain sec, en cubes

1½ tasse (375 mL) de lait

1/2 tasse (125 mL) de crème riche

1/3 de tasse (80 mL) de cassonade

5 oeufs battus

La garniture

1/4 de tasse (60 mL) de noix de Grenoble, hachées

2 c. à soupe (30 mL) de cassonade

Préparation :

• Verser le jus de pomme sur les raisins et laisser reposer.

• Faire fondre la margarine ou le beurre dans un bol pour cuisson aux micro-ondes 1 minute à « HIGH ».

• Ajouter les pommes tranchées, remuer et passer aux micro-ondes 2 minutes à « HIGH ».

• Ajouter les cubes de pain en remuant. Mettre de côté.

• Mesurer le lait et la crème dans une tasse à mesurer en pyrex de 4 tasses (1 L).

• Faire chauffer aux micro-ondes 3 minutes à « HIGH », sans laisser bouillir.

• Retirer le plat du four.

• Ajouter la cassonade, puis ajouter les oeufs battus en remuant.

• Ajouter les raisins sans les égoutter. Mélanger.

• Verser ce mélange sur le pain et les pommes, laisser reposer 5 minutes pour que le liquide soit absorbé.

• Préchauffer la partie convexion du four à micro-ondes à 375°F (190°C).

• Faire cuire le pouding au four 25 minutes.

Sauce
aux canneberges

Cuisson aux micro-ondes

Préparation : . . . .**4 min**

Cuisson : . . . .**8 min**

Attente : . . . .**aucune**

• Voici une façon rapide de faire la sauce aux canneberges aux micro-ondes.

Ingrédients :

1 lb (500 g) de canneberges fraîches

2 oranges moyennes

2 tasses (500 mL) de sucre

Préparation :

• Laver les oranges et les couper en six morceaux chacune. Les passer au robot culinaire ou au mélangeur.

• Les ajouter aux canneberges dans un plat pour cuisson aux micro-ondes, remuer et ajouter le sucre. Remuer pour mélanger le tout.

• Faire cuire aux micro-ondes 8 minutes à « HIGH ». Bien mélanger.

• Laisser refroidir et servir.

Confiture d'hiver

Cuisson aux micro-ondes

Préparation : . . . . **10 min**

Cuisson : . . . . **de 26 à 30 min**

Attente : . . . . **aucune**

• Un mélange d'abricots secs et d'ananas en conserve fait une excellente confiture au moment où les fruits frais sont rares et coûteux.

Ingrédients :

1/4 de lb (125 g) d'abricots secs

1 boîte de 19 oz (540 mL) d'ananas en purée

eau

6 tasses (1,5 L) de sucre

1/2 tasse (125 mL) de jus de citron frais

1 bouteille de 6 oz (170 mL) de pectine

Préparation :

• Tailler les abricots en petits dés.

• Égoutter les ananas, réservant le sirop.

• Mettre dans une tasse à mesurer de 4 tasses (1 L) pour cuisson aux micro-ondes, les abricots et le sirop des ananas.

• Faire cuire 2 minutes à « HIGH ». Remuer et cuire à « MEDIUM » 3 minutes.

• Ajouter les ananas aux abricots, et assez d'eau pour obtenir 3½ tasses (875 mL) de fruits et de jus.

• Verser le tout dans un grand bol pour cuisson aux micro-ondes, ajouter le sucre et le jus de citron. Brasser pour bien mélanger.

• Cuire aux micro-ondes à « HIGH » 20 à 24 minutes ou jusqu'à ébullition. Brasser trois fois durant la période de cuisson.

• Faire bouillir 1 minute additionnelle à « HIGH » après le dernier brassage.

• Ajouter la pectine, remuer pendant 5 minutes tout en écumant.

• Verser dans des bocaux stérilisés, bien fermer.

INDEX GÉNÉRAL DES RECETTES

INDEX ANALYTIQUE

VIANDES

VOLAILLES